MWRDWR YM MANGOR

GW00722692

mwrdwr
ym
mangor

john hughes

Gwasg
Gwynedd

Argraffiad Cyntaf — Mawrth 1995

© John Hughes 1995

ISBN 0 86074 114 1

Cedwir pob hawl. Ni chaniateir atgynhyrchu unrhyw ran o'r cyhoeddiad
hwn na'i gadw mewn cyfundrefn adferadwy na'i drosglwyddo mewn
unrhyw ddull na thrwy unrhyw gyfrwng electronig, electrostatig,
tâp magnetig, mecanyddol, ffotogopïo, recordio nac fel arall,
heb ganiatâd ymlaen llaw gan y cyhoeddwyr,
Gwasg Gwynedd, Caernarfon.

*Cyhoeddwyd ac argraffwyd
gan Wasg Gwynedd, Caernarfon*

I Beti, Linda
Christopher a Thomas

Cynnwys

Rhagair

A newidia'r llewpard ei frychni?

Dyna'r cwestiwn y bu'r proffwyd Jeremeia'n chwilio'n ddwys am ateb iddo. Eto, nid am yr anifail hwnnw y mae'r gyfrol hon yn sôn, ond am ddyn; llewpard o ddyn a fu wrthi'n llarpio'n filain.

Er i'r awdurdodau, gydag amser, dybio eu bod wedi llwyddo i ddofi'r mileindra ynddo, ni bu'r llewpard yn hir cyn dechrau prowla eto fyth o gwmpas arfordir gogledd Cymru. (A newid y ddelwedd, ni bu Dr Jekyll yn hir cyn ymgolli eilwaith ym mherson tywyll Mr Hyde.)

Hanes y person hwnnw a geir yma. Hanes sy'n berffaith wir.

Am y digwyddwn i ar y pryd fod yn bennaeth ar ymchwiliadau i'r trychineb, gallaf adrodd yr holl stori air am air. Mwy na hynny, gallaf ddatgelu sut y gweithia tîm yr heddlu wrth godi trywydd troseddwr, a'r modd y cesglir tystiolaeth i'w gornelu maes o law, ac yna'i ddwyn gerbron llys barn.

Dangosir yma fel y trefnir canolfan yn unswydd ar gyfer yr ymchwiliad, ac fel y bydd ffaith ar ôl ffaith yn cael ei chribinio i mewn o bob cyfeiriad. Golyga hynny wedyn waith cofnodi a ffeilio gwir helaeth cyn gogrwn y cyfan yn fanwl nes bod pob math o wybodaeth yn ddethol wrth law.

Mewn ymchwiliad dwys fel hyn, yn ogystal â rhoi baich enfawr ar ysgwyddau'r heddlu, byddwn hefyd yn pwyso'n drwm ar y patholegydd; gall gwybodaeth feddygol a chwilfrydedd yr arbenigwr hwnnw fod yn dyngedfennol wrth geisio canfod y gwir. Yr un mor bwysig hefyd fydd ymroddiad gwyddonwyr y Ganolfan Fforensig, sydd â'u dawn i ddadansoddi yn anhygoel o gelfydd.

Ar ôl hidlo a didol popeth trwy drafferth ddirfawr, y gobaith yw y bydd yr holl lafur erbyn y diwedd yn pwyntio i gyfeiriad un troseddwr arbennig. (Ar brydiau, wrth gwrs, gall bwyntio at fwy nag un.)

Gobeithiaf hefyd allu cyfleu'r dreth drom a ddyry ymchwil o'r fath ar y rhai a fydd yn cyfarwyddo'r holl waith. Yn ddigon naturiol, bydd pennaeth yr heddlu yn pwyso'n daer am ddatrys buan ar yr achos, a hynny am resymau digon teg: arbed costau, tawelu'r rhai sy'n ysu am waed y llofrudd, heb anghofio trigolion diniwed y gymdogaeth sydd wedi eu brawychu ac yn byw mewn ofn.

Mewn ambell achos difrifol, gwyddom fel y tueddir weithiau i feio'r heddlu am fethu â chael y maen i'r wal. Bryd arall, honnir bod yr heddlu wedi cyhuddo ar gam. Ar brydiau eraill, fe gwyd amheuon o'r fath am i fargyfreithiwr eithriadol alluog a hirgraff ganfod man gwan a dymchwel tystiolaeth y tybiasai'r erlyniad ei bod yn fythol gadarn.

Yn yr achos y sonnir amdano yn y gyfrol hon ceisiais ddangos i'r ymchwiliad fod yn un cwbl deg a hefyd yn un y byddai'n anodd i gyfreithiwr wneud honiadau di-sail yn ei gylch. At hynny, carwn dystio nad rhai am fwrw rhywun mewn cell costied a gostiai, boed euog neu beidio, yw'r gweithwyr hyn. Nid ydynt, wedi'r cyfan, ond pobl a orfodwyd i weithio ar dasg ddiddiolch o geisio datrys problem torcyfraith sy'n blino cymaint ar gymdeithas heddiw.

Fel prif swyddog yr ymchwiliadau a nodais bu'n rhaid i minnau anwybyddu pob cysur teuluol a phersonol gan fwrw i'r gwaith ddydd a nos heb ball nes cael y llewpard yn ddiogel i'w gawell. Yn yr achos hwn o lofruddiaeth, efallai mai dyma'r tro cyntaf erioed i Bennaeth y C.I.D. yng Ngwynedd ddatgelu'r ffasiwn ffeithiau mewn llyfr.

J.H.

Diolchiadau

Dymuna'r awdur ddatgan ei ddiolch diffuant i:

Robin Williams, Rhoslan, am ei gampwaith yn cyfieithu, addasu a chwtogi drama real a gymerodd flwyddi fyrdd i'w pherfformio, rhwng dau glawr cyfrol fechan, heb golli gronyn o uchelbwyntiau saga Arthur Philip Wynne, B.A.

Beti fy mhriod, am ei goddefgarwch di-ben-draw tra bûm yn arwain yr ymchwiliad i'r llofruddiaeth ym Mangor ac yn ymchwilio ledled Gwynedd a Lerpwl i ffeithiau'r ddau achos ac yn casglu pentyrrau o bapur i flerychu'r cartre.

Gwerfyl Pierce Jones, Cyfarwyddwr y Cyngor Llyfrau, Dewi Morris Jones, Pennaeth Adran Olygyddol y Cyngor ac Elgan Davies, Pennaeth yr Adran Ddylunio am eu cymorth parod a gwerthfawr.

Gareth Haulfryn Williams, Prif Archifydd Gwynedd a'i staff; hefyd swyddogion Adran Archifau y City Library, St George's Place, Lerpwl am eu cydweithrediad tra'n gwneud y gwaith ymchwil.

Fy nghyd-swyddogion yn Heddlu Gwynedd a fu'n chwysu gyda mi am ddyddiau yn ceisio datrys dirgelwch Elm Bank.

Teulu Elm Bank

Dinas ar wasgar yw Bangor, y cyfeiria rhai ati fel 'Athen y Gogledd'.

Gorwedd rhan ohoni mewn pant a red o gyfeiriad y Coed Mawr hyd at Borth y Penrhyn ar lan culfor Menai. Dengys yr olion hynafol o gylch yr Eglwys Gadeiriol mai yma y gosodwyd sylfeini'r ddinas.

Yn ystod teyrnasiad y Frenhines Victoria bu bwrlwm diwydiannol yn yr ardal, a datblygodd Bangor yn ganolfan fasnach i ardal eang o'i hamgylch. Yn ddiweddarach, sefydlwyd y Coleg ar y Bryn (o Brifysgol Cymru), y Coleg Normal a chanolfannau dysg eraill. Heb sôn am reilffordd bwysig, codwyd yma hefyd swyddfeydd adrannau o'r llywodraeth, ysbytai, llu o fân gwmnïau, a chanolfan ddarlledu'r BBC.

Fel y tyfai poblogaeth y ddinas, cynyddai'r galw am ragor o dai i'r gweithwyr. Prysurodd rhai adeiladwyr hirben i brynu tir, rhan helaeth ohono'n bur ddiffaith, yn enwedig yr ochrau rhwng y ddinas ac afon Menai. Yn wahanol i'r parth ar y gwaelod, roedd i'r safleoedd adeiladu newydd olygfeydd tra godidog: afon Menai ac ynys Môn tua'r gogledd, panorama Traeth Lafan a'r Gogarth tua'r dwyrain, heb sôn am ogogiant Eryri fawr yn y pellter.

Ar silff yr ucheldir, fel math o atodiad i'r ddinas, codwyd pentref newydd a gafodd yr enw Bangor Uchaf. Am fod y tai yno'n rhai helaeth, urddasol, a'u prisiau'n bur uchel, cyfyngwyd y prynwyr i ddosbarth canol y fro. Cyfeiriai'r tlotach eu byd ar lawr y ddinas yn y pant at drigianwyr Bangor Uchaf fel 'y bobol fawr'; a thebyg yw yr ymfalchïai trigolion y llecyn dethol hwnnw yn statws eu cyfoeth, rhai mewn safle cymdeithasol lled bwysig, gydag eraill yn berchenogion busnes tra llwyddiannus.

Un o gwmnïau adeiladu prysuraf y cyfnod yn ardal Bangor oedd y Mri T. C. ac R. Williams, Ymgymerwyr ac Adeiladwyr, dau frawd cydwybodol ac onest. Ymdrechai'r brodyr yn gyson i roi gwerth eu harian i'w cwsmeriaid, fel nad oedd yn syndod mai ganddynt hwy yr oedd canradd helaeth o waith adeiladu yn y cwmpasoedd newydd hynny. Teg hefyd yw cydnabod fod eu gweithwyr, yn benseiri, addurnwyr, seiri maen a choed, gyda'r gorau yn y busnes a phob un yn feistr ar ei grefft.

Yn dilyn blynyddoedd o brysurdeb eithriadol, ystyrid y ddau frawd gyda'r cyfoethocaf o fasnachwyr y cylch. Er eu holl lwyddiant a'u cyfoeth nid anghofiodd y brodyr eu gwreiddiau a'u ffordd gynnar o fyw'n ddarbodus ac agos i'w lle. Magwyd hwy ar aelwyd grefyddol a thrwy gydol eu bywyd bu'r ddau yn aelodau ffyddlon o gapel Twr Gwyn ym Mangor Uchaf, gyda Thomas Charles ymysg blaenoriaid y sêt fawr. Buont yn eithriadol o hael eu cyfraniadau tuag at yr achos yn Nhŵr Gwyn ac yn uchel eu parch ymysg eu cyfoedion a'u cwsmeriaid hyd eu marw.

Gydag amser, penderfynodd Robert Williams, fel un o 'bobol fawr' yr ardal ddefnyddio un o'i safloedd adeiladu i godi cartref chwaethus iddo'i hun, ei wraig a'i ddwy ferch fach, Annie ac Edith Ellen. Dewisodd lecyn ar ochr Menai ger Ffordd Siliwen, rhyw ganllath o gyffordd yr A5, gyferbyn â'r groeslon fechan lle'r ymuna Ffordd Graig y Don â Ffordd Siliwen. Mangre ddelfrydol uwchben y culfor, gyda'r olygfa'n ymestyn o draethell Biwmares ym Môn draw hyd at Britannia, pont y rheilffordd dros afon Menai.

Cynlluniodd dŷ tri llawr sylweddol, Fictorianaidd, ac ynddo saith ystafell wely. Gan fod y tir yn gostwng yn isel tua'r cefn, ymddangosai ffenestri'r gwaelod fel petaent ar y llawr cyntaf, gryn ddeuddeg troedfedd yn uwch na lefel yr ardd.

Gan fod y safle ar fan uchel, agored i wyntoedd y gaeaf a ruai dros afon Menai gofalodd fod i'r tŷ newydd furiau allanol trwchus o garreg las galed chwarel y Penrhyn, a'r coedwaith o dderw a phinwydd o'r math gorau posibl. Gan nad oedd yn hoff o arddio cynlluniodd i'r ardd o flaen y tŷ fod yn fechan, gyda llwybr heibio i dalcen y tŷ at ardd fwy yn y cefn, oddeutu ugain llath wrth ddeuddeg. Byddai hon yn fan preifat i'r genethod chwarae, a'u hatal rhag cyfeillachu'n ormodol â phlant cymdogion — arwydd awgrymog o batrwm byw cysetlyd y teulu.

Bu cryn bendroni wrth ddewis enw i'r cartref newydd. Am mai enwau Seisnig a roddwyd i lawer o'r tai yn yr ardal eisoes, tybid mai gweddus felly fyddai dilyn y ffasiwn. Gyda'r tŷ ar fryncyn, a choed llwyfen yn tyfu yma ac acw o'i gwmpas, penderfynwyd ar yr enw Elm Bank.

Pan gyrhaeddodd yr eneth hynaf ei seithmlwydd oed mynnai ei rhieni iddi gael ei chyfarch fel Miss Annie, ac felly maes o law y cyferchid ei chwaer, hithau fel Miss Edith. Gan nad oedd angen iddynt fynd allan i weithio i'w cynnal eu hunain arhosodd y ddwy yn Elm Bank, yn ddibriod hyd ddiwedd eu dyddiau.

Gyda threiglad y blynyddoedd bu farw'r tad a'r fam a throsglwyddwyd Elm Bank ynghyd â'r holl eiddo i'r ddwy hen ferch. Fe'u dysgwyd i fyw yn gynnil a darbodus, ac yn y cyfnod yn dilyn yr Ail Ryfel Byd, pan gwympodd gwerth cyfalaf yn enfawr, sylweddolodd y ddwy bwysigrwydd gofalu am y ceiniogau rhag ofn iddynt fynd heb ddim. Ni bu nemor ddim newid yn y tŷ na'i gynnwys o ddyddiau marw'r fam hyd at farw'r ddwy eneth. Cadwyd at y ffordd hen ffasiwn o fyw dros gyfnod o ddwy genhedlaeth.

Roedd y grefft o gadw tŷ yn holl bwysig, ac nid gormodiaith yw dweud fod y ddwy hen ferch yn eithafol eu gofal o'r lle, a honnai rhai eu bod yn ormodol falch. Roedd yn hanfodol i bopeth fod yn ei ddewis le, pob clustog ar ganol y gadair, pob addurn tŷ yn yr un fan bob amser, y llenni'n gorwedd yn wastad ar y ffenestri, pob mat yn ei union lecyn ar y lloriau, y llestri a'r sosbenni yn drefnus yn y cypyrddau, ac er bod y celfi coginio o'r golwg roedd i bob llestr ei gornel ddethol.

Cafodd y ddwy eneth addysg gyflawn, gydag athrawon preifat yn dod i'r cartref i'w haddysgu. Yn eu harddegau arferai'r ddwy fynd am egwyl gyda'u mam i ganolfannau gwyliau lled uchel-ael fel Harrogate, Bath a Bourne-mouth.

Fel eu rhieni, bu'r ddwy yn aelodau ffyddlon yng nghapel Twr Gwyn, yn cyson fynychu oedfaon y Sabath, yr Ysgol Sul a chyrddau'r wythnos, a hynny nes i henaint a llesgedd eu hatal. Ond hyd y diwedd un, cyfrannodd y ddwy at gynnal yr achos. Sonnir iddynt unwaith fynd ar bererindod i Wlad yr Addewid er mwyn ehangu eu gorwelion a'u gwybodaeth grefyddol. Roedd y ddwy yn ddeallus a pheniog, yn ddarllenwyr awchus, ac yn dal gafael ar hynt materion cyfoes trwy ddarllen y papurau newydd dyddiol a gwrando ar y radio.

Wedi cyrraedd eu saithdegau a'u goddiweddyd gan gryd cymalau a blinder henoed, trefnwyd fod pob anghenraid yn cael ei gludo'n unswydd atynt i'r cartref. Deuai'r siopwyr â chig, bara, nwyddau coginio, llefrith, y papurau dyddiol a'r Sul yno'n rheolaidd. Yr arfer oedd talu am y cyfan â sieciau am iddynt gael eu dysgu gan eu rhieni mai estyn croeso i ladron oedd yr arfer o gadw arian yn y tŷ.

Yn eu blynyddoedd olaf, trefnwyd i'r bechgyn papur-newydd adael y papurau yn y blwch llythyrau yn y drws ffrynt, gyda mymryn o'u hymylon i'w gweld o'r ochr allan er mwyn i'r cymdogion gasglu fod popeth yn iawn wedi diflaniad y papur oddeutu naw o'r gloch y bore. Arwydd arall i'r cymdogion fyddai diflaniad boreol y botel lefrith o'r llestr ger y drws.

Yn ystod Tachwedd 1966, a hithau bellach yn naw deg a dwy mlwydd oed, gwanychodd Miss Annie yn arw. Methai'n llwyr â dygymod ag oerni'r gaeaf, ac er bod grât ym mhob ystafell bron drwy'r tŷ, roedd y ddwy yn rhy gynnil i'w defnyddio ar wahân i rât y gegin yn y cefn. Arbedai hynny'r drafferth o lanhau'r lludw a chynnau tân yn y boreau heb sôn am y trethu a fyddai ar y ddwy wrth gludo glo i'r tŷ o'r cwt yn y cefn. Ambell waith, arferid defnyddio tanau trydan bychain yn eu dwy lofft ar nosweithiau eithriadol oer. Ond am eu bod yn orgynnil, edrychai'r ddwy ar hynny fel gwastraff arian.

19

Erbyn y Nadolig, roedd Miss Annie yn ddifrifol wael. Er holl ymdrechion y meddyg teulu bu hi farw ganol Ionawr 1967 o lwyr wendid corff, gan adael ei chwaer oedrannus yn unig ac amddifad fel pererin wrthi'i hun.

Dirgelwch Nos o Ebrill

Bu colli'i chwaer a'i chydymaith oes yn ergyd drom i Miss Edith. Teimlai'n hollol unig ac ar goll. Yn ychwanegol at drafferthion heneiddio, yn enwedig cryd cymalau, goddiweddwyd hi gan iselder ysbryd. Er nad oedd ganddi un perthynas agos a allasai fod yn gwmpeini a help iddi, eto i gyd ceisiodd yn daer gadw'r cartref ar fynd drwy lanhau'n ddyddiol, er bod hynny'n ddiangen yn aml. Ond roedd ymysgwyd i lanhau a chadw popeth yn ei union le yn rhywbeth greddfol ynddi.

Yr hyn a barai'r drafferth bennaf iddi oedd y grisiau serth tua'i llofft. Achosai dringo'r staer i'w gwely bob hwyrnos boen ddirfawr iddi a methai â chysgu am oriau meithion o achos cur yn ei haelodau.

Digwyddodd Ionawr 1967 fod yn fis rhewllyd, a chan nad oedd pentewyn o dân yn unlle ond yn yr ystafell fyw, hawdd oedd credu bod tŷ mawr Elm Bank yn ddifrifol oer.

Wedi marw Miss Annie aeth Edith i deimlo'n ofnus yn y tŷ ar ei phen ei hun, yn arbennig felly yn ei gwely. Edrychai'r saith ystafell wely rywfodd yn llawer ehangach a thywyllach. Ddechrau Chwefror penderfynodd mai doeth fuasai gofyn am gymorth i symud ei gwely i lawr i'r ystafell fyw, a newid y grât yn honno am un i gynnau drwy'r nos. Ymgynghorodd â chymydog, a chydsyniwyd y buasai hynny'n arbed y loes o ddringo'r grisiau, yn lleihau ei hofnau, a'i galluogi i newid i'w dillad nos mewn ystafell gynnes. At hynny, byddai'n gynhesrwydd iddi drwy'r nos ac wrth godi yn y bore. Daeth cymdogion i'w chynorthwyo, ac yn niwedd Chwefror 1967 symudwyd y gwely i'r ystafell gefn ac addasu honno i fod yn ystafell gysgu'n ogystal.

Er nad oedd iddi berthnasau agos nid oedd yn ddigwmni o bell ffordd. Deuai dyrnaid teyrngar o gymdogion i ymweld â hi, aros i ymgomio dros dro ac i gyrchu mân negesau yn ôl yr angen. O bryd i'w gilydd, galwai dynion ifainc heibio, y mwyafrif yn ddi-waith, i lanhau ffenestri, torri coed tân, chwynnu'r ardd, twtio a glanhau o gylch y tŷ, a gorchwylion o'r fath. Arferai Miss Edith fod yn eithaf hael gyda'i mân daliadau i'r hapweithwyr hyn, a golygai hynny nad oedd prinder ohonynt.

Bu tri chymydog yn wir garedig wrthi. Galwai Mrs Alice Evans a Mrs Mary Louise Jones yno'n fynych, a dibynnai Miss Edith ar Mr David W. Parry, darlithydd yn y Brifysgol gyfagos, am gyngor pan fyddai angen barn gŵr dysgedig ynglŷn ag ambell broblem. Arferai'r tri fynd heibio'r tŷ yn gyson, pob un yn cadw llygad barcud am arwyddion rhag ofn y gallasai rhywbeth fod o'i le: fel y botel lefrith heb ei chodi o'r llestr ger y rhiniog yn ystod y bore neu'r papur dyddiol yn dal ym mlwch llythyrau'r drws ffrynt.

Brynhawn Iau, y chweched o Ebrill 1967 galwodd Mrs Mary Louise Jones i edrych am ei chymdoges. Roedd Miss Edith yn teimlo'n burion ac mewn hwyl dda. Eglurodd fod dod â'r gwely i lawr i'r gegin wedi ysgafnhau ei baich yn arw a'i bod yn mwynhau mynd i wely cynnes a chodi i ystafell dwym yn y bore. Roedd cael arbed dringo'r grisiau serth wedi bod o fudd mawr iddi, gyda'r canlyniad fod poen y cryd cymalau wedi lleddfu. Ffarweliodd Mrs Jones â hi yn llawer tawelach ei meddwl ynghylch yr hen wraig.

Ar ôl te y pnawn hwnnw galwodd Mrs Alice Evans heibio iddi. Sylwodd hithau ar unwaith fod Miss Edith mewn hwyliau da a chasglodd ei bod yn araf ddod dros y sioc a'r digalondid o golli ei chwaer; yn wir, fe'i gwelai mewn iechyd gweddol o gysidro'i bod yn wyth deg a phedair mlwydd oed. Wedi'i helpu gyda mân orchwylion o gylch y tŷ, a chael nad oedd dim arall yn eisiau, ffarweliodd Mrs Evans gan addo y deuai'n ôl yn fuan am sgwrs arall. Gadawodd Elm Bank am chwarter wedi pump yn dawel ei meddwl fod Miss Edith yn fodlon ei byd.

Glawiodd yn drwm y dydd canlynol a chadwodd y glaw a'r oerni bron bawb yn eu cartrefi, ond gwawriodd bore Sul (y nawfed o Ebrill) yn llawer gwell diwrnod. Er ei bod yn oer roedd hi'n sych, a chrwydrai nifer o bobl ar hyd Ffordd Siliwen, rhai ar eu ffordd i addoli ac ambell un yn ystwytho'r lwynau drwy fynd â'r ci allan am dro.

Un o'r cerddwyr a aeth heibio Elm Bank yn gynnar y pnawn Sul hwnnw oedd Mrs Alice Evans. Sylwodd ar unwaith nad oedd y papur newydd wedi'i dynnu o'r blwch llythyrau, a bod dwy botel lefrith yn y llestr ger y drws. Roedd hyn yn beth hollol anarferol ac aeth ias o arswyd trwyddi. Wedi cyrraedd y drws gwelodd fod papur bore Sadwrn a phapur y bore hwnnw heb eu dwyn i'r tŷ. Pwysodd ar fotwm y gloch droeon ond nid oedd dim ateb. Gwaeddodd enw Miss Edith drwy agen y blwch llythyrau ond yn ofer.

Aeth i gefn y tŷ ac edrych i fyny ar ffenestr yr ystafell

fyw, ond oherwydd gogwydd y tir ni allai edrych i mewn i'r ystafell oedd oddeutu tair llath goruwch lefel yr ardd.

Y gŵr a fuasai'n gwybod yn union beth i'w wneud oedd Mr David Parry, a galwodd arno ar unwaith. Ceisiodd yntau yn yr un modd dynnu sylw Miss Edith ond methodd.

Penderfynodd y ddau fod rhywbeth anghyffredin iawn o'i le: un ai bod Miss Edith yn wael yn ei gwely ac yn methu codi i ateb neu yn wir fod rhywbeth gwaeth na hynny wedi digwydd. Nid oedd unrhyw arwydd ar y drysau nac ar y ffenestri fod lleidr wedi torri i mewn i'r tŷ.

Penderfynwyd galw'r heddlu yn y gobaith y llwyddai'r swyddog i fynd i mewn i'r tŷ a datrys y dirgelwch. Derbyniwyd yr alwad yng ngorsaf yr heddlu ym Mangor a phrysurodd rhingyll a heddferch i Elm Bank. Wedi ymgynghori â Mr Parry a Mrs Evans ceisiodd y swyddogion dynnu sylw Miss Edith drwy ganu'r gloch, curo'r drws a galw'i henw, ond heb unrhyw ymateb. Wedi deall nad oedd perthynas i alw arno nac allwedd yng ngofal neb o'r cymdogion penderfynodd y rhingyll dorri cwarel fechan o wydr ger y clo yn nrws ffrynt y tŷ. Ac felly yr aethpwyd i mewn.

Sylwodd y swyddogion ar unwaith nad oedd unrhyw arwydd fod lleidr wedi chwilota trwy'r tŷ gan fod popeth, ar yr olwg gyntaf, yn dwt a destlus. Aeth y ddau drwodd i'r ystafell gefn a chanfod Miss Edith yn gorwedd yn llonydd yn ei gwely fel petai'n cysgu'n naturiol. Roedd dillad y gwely'n berffaith lyfn a gwastad, yn union fel petasai'r gwely newydd gael ei gyweirio. Ychydig o'i hwyneb oedd i'w weld am fod y gobennydd a dwy glustog o gylch ei phen yn hanner ei guddio. O gyffwrdd ei hwyneb yn ysgafn canfu'r rhingyll fod ei chnawd yn hollol oer, arwydd ei bod wedi marw ers rhai oriau onid dyddiau.

Teimlai'r rhingyll braidd yn anesmwyth ynglŷn â'r clustogau, un o bobtu i'w phen; roeddynt yn amlwg wedi eu codi oddi ar y cadeiriau ger y gwely. Rhesymodd y gallasai Miss Edith fod wedi defnyddio'r clustogau a'r gobennydd oddeutu'i phen er mwyn esmwythyd a chynhesrwydd tra byddai'n cysgu, ac i un syrthio a hanner cuddio'i hwyneb wrth iddi droi yn ei chwsg. Bu'r ddau swyddog yn pendroni am rai munudau uwch ben y sefyllfa, a chasglu fod y ddamcaniaeth yn hollol gredadwy yn absenoldeb unrhyw arwydd o unpeth arall amheus. Helynt hollol annerbyniol ac, i'w gwell yn yr heddlu, testun gwawd fuasai bod wedi codi ysgyfarnog a chreu stŵr dianghenraid mewn achos o farwolaeth naturiol hen wraig yn ei hwythdegau. Serch hynny, gwnaeth y rhingyll gofnod o'r amgylchiadau.

Wrth edrych o gylch y tŷ gwelodd y swyddog un peth arall a barodd amheuaeth yn ei feddwl. Er bod y teliffon mewn cilfach dywyll ger y drws ffrynt, sylwodd nad oedd gwifren y teclyn ynghlwm wrth y blwch bach ar y mur y tu ôl iddo. Edrychodd yn fanwl iawn ar bennau'r ddwy wifren am arwydd bod rhywun wedi eu torri â chyllell neu roi plwc iddynt allan o'r blwch. Nid oedd unrhyw arwydd o dorri i'w weld, a gallai hynny olygu bod y gwifrau wedi gollwng eu gafael yn y blwch wrth lanhau. Eto, o gyplysu hyn â safle'r clustogau, dechreuodd y swyddog deimlo'n bur anesmwyth. Rhag ofn bod anfadwaith wedi digwydd penderfynodd beidio ag ymyrryd ag unrhyw beth ac aeth ati rhag blaen i gloi'r tŷ a'i ddiogelu.

Yna, dychwelodd i'w orsaf a throsglwyddo'r wybodaeth i'r Arolygydd. Cysylltodd yr uwch-swyddog â chrwner y sir ac adrodd wrtho'r holl fanylion. Er mwyn symud corff Miss Edith i'r mortiwari yn Ysbyty Môn ac Arfon, dri chwarter milltir i ffwrdd, cawsant eu gorchymyn i alw ar ymgymerwr. Wedyn, yr oeddent i hysbysu'r pathologydd er mwyn iddo yntau drefnu archwiliad *post mortem* y bore canlynol; trwy hynny gellid pennu ar achos marwolaeth yr hen wraig.

Yn y man, brysiodd yr Arolygydd a'r rhingyll yng nghwmni'r ymgymerwr tuag Elm Bank. Yno caent weld drostynt eu hunain beth oedd y sefyllfa ryfedd. Tynnwyd oddi ar y gwely gwilt plu, dwy blanced a chynfas, gan amlygu'r corff odanynt.

Ar unwaith, sylwodd y tri fod ei choban nos wedi cael ei rhwygo o'r gwddf hyd at y gwaelod. Wrth drafod hynny, crybwyllodd un swyddog iddo weld peth tebyg o'r blaen yn achos hen wraig oedd yn dioddef poenau cryd cymalau yn ei hysgwydd. Roedd hithau hefyd wedi agor ei choban nos i lawr y canol gyda'r amcan o'i defnyddio fel côt agored; o ganlyniad, medrai ei thynnu a'i rhoi gyda llawer iawn llai o drafferth.

Cytunwyd y gallai hynny oll fod yn beth eithaf posibl a synhwyrol. Ond eto, i'r heddlu, roedd y darganfyddiad hwn yn lled gyfeirio at y ddwy ffactor amheus arall — gwifrau rhydd y teliffon a'r symud a fu ar y clustogau — a pharai'r cyfan gryn benbleth iddynt. Felly, rhag ofn bod rhyw enbydrwydd wedi digwydd lapiwyd y goban nos mewn cwd plastig a'i chadw'n ddiogel.

Dadleuai'r Arolygydd y byddai'r archwiliad *post mortem*

yn bendant o dorri'r ddadl ac yn siŵr o ddatgelu a fu anfadwaith ai peidio. Barnodd, felly, mai doethach ar y foment fyddai ymbwyllo ac aros rhag ofn codi cynnwrf heb angen.

Yr Heddlu'n Taenu'r Rhwyd

Yn unol â gorchymyn y crwner, cludwyd corff Miss Edith i oergell yn Adran Patholeg Ysbyty Môn ac Arfon. Tra buont wrthi'n paratoi i'w chludo o Elm Bank bu'r Arolygydd yn astudio'r corff yn fanwl am unrhyw arwydd o niwed iddi ond methodd â darganfod un dim oll.

Cysylltodd hefyd â'r patholegydd, y Dr E. Gerald Evans, yn ei gartref yn nhref Caernarfon, a threfnwyd i gynnal yr archwiliad *post mortem* am ddeg o'r gloch fore'r trannoeth, sef dydd Llun, Ebrill y 10fed.

Ystyriai'r heddlu eu bod yn ffodus o gael gwasanaeth arbenigwr mor unigryw â'r Dr Gerald Evans. Roedd ef yn batholegydd i Awdurdod Iechyd Gwynedd, a phan nad oedd achos y farwolaeth yn eglur byddai galw mynych arno i archwilio gweddillion mewn trafferthion felly yn yr ardal honno. Ef hefyd oedd patholegydd swyddogol y Swyddfa Gartref ar gyfer cynorthwyo'r heddlu mewn amgylchiadau dyrys tebyg ar hyd ardaloedd Gwynedd, Clwyd, siroedd Caer, Amwythig ac Adran Orllewinol Canolbarth Lloegr.

Meddai ar wybodaeth anhygoel o'r corff dynol. Gwyddai hefyd am y gwahanol gemegau (a'r dulliau) y gellir eu defnyddio i achosi marwolaeth creadur o ddyn. Roedd yn dditectif meddygol heb ei ail, ac ar brydiau, er mwyn profi'i ddamcaniaethau, gallai ddefnyddio ffyrdd oedd yn hollol anghyffredin. Ar ambell adeg, gallai'r arbrawf ganddo fod yn frawychus. Un tro, mewn achos o lofruddiaeth honedig trwy wenwyno, bu'r Dr Gerald Evans mor rhyfygus â rhoi gronynnau o arsenic (o bopeth) ar ei dafod ei hunan. Er bod honno'n weithred wirioneddol beryglus, roedd ef yn fodlon mentro ar y fath eithafrwydd er mwyn profi iddo'i hunan (ac i'r llys yn y man, efallai) fod arsenic yn wenwyn oedd yn gwbl ddi-flas!

Gwendid mawr yn hanes sawl un o'r arbenigwyr meddygol a gwyddonol fuasai eu methiant i wrthsefyll croesholi llym gan gwnsleriaid y Frenhines a bargyfreith-wyr ar ran yr amddiffyniad mewn uchel lys. Gallai'r rheini lwyddo i ddiddymu eu tystiolaeth, a honno'n aml yn dyngedfennol i'r achos.

Ond nid felly'r Doctor Gerald Evans. Roedd hwn nid yn unig yn dditectif meddygol gwych ond hefyd yn dyst cadarn ei safiad, gŵr nad oedd arno ofn undyn. Nid gormodiaith yw dweud iddo ymddangos fel petai'n ei fwynhau ei hun mewn ysgarmes lem gyda mawrion byd y gyfraith. Lawer tro y bu iddo lwyr drechu brenhinoedd y byd patholegol o Lundain, a'r rheini wedi eu cyflogi i dystiolaethu ar ran yr amddiffyniad mewn achosion difrifol.

Oddeutu naw o'r gloch y nos Sul y symudwyd corff Miss Edith i'r mortiwari penderfynodd Dr Evans alw yn ei swyddfa yn yr ysbyty i edrych drwy ei waith papur a threfnu patrwm gwaith yr adran at y dydd canlynol. Sylwodd fod ganddo ddau archwiliad *post mortem* drannoeth, un ohonynt ar gais arbenigwr meddygol o'r ysbyty ar gorff gŵr ifanc a fu farw'n annisgwyl yn yr ysbyty. Roedd y llall ar gorff hen wraig, wyth deg a phedair mlwydd oed, Miss Edith Williams, ar orchymyn y Crwner a'r heddlu.

Cyn gadael yr adran aeth i ystafell yr oergelloedd yn y mortiwari yn unswydd i sicrhau fod y ddau gorff yno. Tynnodd gist Miss Edith allan o'r gell. Gwelodd weddillion hen wraig a oedd erbyn hynny'n edrych yn salw ac eiddil. Fel pe bai'n ail natur iddo edrychodd yn fanwl am unrhyw glais neu doriad croen a allasai awgrymu anfadwaith. Ond ni chanfu ddim anaf o gwbl. Yna, plygodd i agor ael ei llygad chwith gan edrych yn fanwl ar belen y llygad.

Yn sydyn, newidiodd ei agwedd yn gyfan gwbl o fod yn feddyg hamddenol yn edrych ar weddillion hen wraig, a oedd o bosibl wedi trengi o henaint a llesgedd. Bellach, roedd Gerald Evans yn dditectif meddygol, craff ei lygaid, yn ffroeni fod rhywbeth mawr allan o le. Gadawodd i'r ael syrthio'n ôl yn araf a chuddio'r llygad. Agorodd yr ael eilwaith, a'r tro hwn archwilio'r belen yn fanwl drwy chwyddwydr. Wedi syllu am rai eiliadau trodd at y llygad arall a chraffu ar y belen honno drwy'r chwyddwydr. Eto, gadawodd i'r ael syrthio'n ôl ac yna ailagor a chraffu.

Gyda'i synhwyrau erbyn hyn wedi eu hogi a'i feddwl yn ferw ar ôl canfod arwyddion amlwg o anfadwaith, sythodd fel petai'n cloriannu'r sefyllfa. Ymhen rhai eiliadau 'roedd yn amlwg fod y ditectif profiadol wedi dod i benderfyniad. Yna, meddai'n uchel, 'Brenin mawr! Mae hon wedi'i llofruddio.'

Prysurodd at y ffôn i siarad â'r Arolygydd yng ngorsaf yr heddlu ym Mangor. 'Inspector,' meddai, 'ynglŷn â Miss Edith Williams, a'r *post mortem* bore fory. Rydw i newydd fod yn edrych ar y corff ac rydw i'n gadarn fy meddwl ei bod hi wedi'i llofruddio. Mae'r mân wythiennau hyd belen ei dwy lygad i gyd wedi byrstio, yr hyn fyddwn ni fel patholegwyr yn ei alw yn *petaechial haemorrhaging.* Pan mae person yn cael ei fygu yn egnïol, y peth cyntaf sy'n digwydd ydi fod y pibellau gwaed bychain hyd wyneb y llygaid yn rhwygo. Ac os yw fy namcaniaeth yn gywir, fe gawn weld bore fory filoedd o fân rwygiadau hyd wynebedd ei dwy ysgyfaint. Dyna fydd y gwir brawf. Ond rydw i bron gant y cant yn sicr fod gennych chi achos o fwrdwr ar eich dwylo.'

Er eu bod braidd yn amheus ar y cychwyn roedd datganiad syfrdanol y patholegydd wedi tarfu'r colomennod. Sylweddolodd yr Arolygydd fod neges ffôn ryfeddol y meddyg yn rhoi sylwedd i'w amheuon ynglŷn â'r clustogau, gwifrau'r teliffon a'r goban nos rwygedig. Bellach, roedd yn amser iddo hysbysu uwch-swyddogion swyddfa'r Prif Gwnstabl yng Nghaernarfon. Os gwir yr honiad, yna cyfrifoldeb pennaeth y C.I.D. fyddai'r achos mwyach.

Fel y mynnai pethau fod, roeddwn ar bythefnos o wyliau yn ceisio addurno a pharatoi cartref newydd i'm teulu. Canodd cloch y teliffon wrth ochr fy ngwely am dri o'r gloch fore Llun, a chlywais y Dirprwy Brif Gwnstabl yn canslo'r gwyliau ac yn ailadrodd gorchymyn y Prif Gwnstabl imi fynd am Fangor yn ddi-oed i fod yn gyfrifol am yr ymchwiliadau i'r achos.

Sylweddolais ar unwaith fy mod o dan anfantais o bwys mawr am i'r corff gael ei symud o fan y llofruddiaeth i'r mortiwari. Rheol ymddygiad dyngedfennol i'r heddlu mewn achos o lofruddiaeth yw ei bod yn rhaid, ar bob cyfrif, ddiogelu a chadw man a lle'r digwyddiad heb unrhyw ymyrraeth nes i archwilwyr o'r labordy fforensig rhanbarthol gribo pob man yn drylwyr. Dim ond ar ôl hynny y ceid caniatâd i symud y corff. Yn anffortunus, roedd y niwed wedi'i wneud, o dan amgylchiadau hollol naturiol, heb fod bai ar neb. Rhaid felly oedd gwneud y gorau o'r gwaethaf.

O'm swyddfa rhoddais ganiad ffôn i'r Cudd-Ringyll Glyn Roberts (a ddaeth yn ddiweddarach yn Brif Uwch-Arolygydd), ditectif profiadol a ffotograffydd abl. Yna, i Fangor â ni ar ôl llenwi'r cerbyd â chelfi tynnu lluniau ac edrych am olion bysedd, ynghyd â chant a mil o'r manion angenrheidiol. Trefnwyd swyddfa a fuasai yn y man yn ganolfan ymchwil i achos o lofruddiaeth, ar ôl derbyn cadarnhad, maes o law, fod Miss Edith wedi'i lladd yn anghyfreithlon.

Wrth yrru drwy'r Felinheli am chwarter i bedwar y bore daeth hen osodiad Cymraeg i'm cof — 'y sawl a fu a ŵyr y fan'. Felly, penderfynais alw heibio Elm Bank pe na bai ond i gael gweld y fan, a chael syniad o hirbell megis, beth oedd y sefyllfa allanol, pa fath o broblem oedd yn ein hwynebu, a darganfod efallai sut y llwyddodd y llofrudd i fynd i mewn i'r tŷ. Yng ngolau'r cerbyd gwelsom blismon unig yn sefyll yn y cysgodion yn gwarchod y tŷ. Ar ôl gweld y lle penderfynais mai ffolineb fuasai mynd i mewn yn y tywyllwch rhag ofn difrodi unrhyw olion a allasai, maes o law, fod o werth mawr imi yn yr ymchwiliad. Yn y cyfamser prysurais tua gorsaf yr heddlu yn y ddinas i drefnu swyddfa fechan yn ystafell y llys at fod yn ganolfan yr ymchwiliad, a chymryd y byddai'r patholegydd yn cadarnhau fod Miss Edith wedi'i llofruddio.

Cyn dyfodiad cyfrifiaduron, sydd bellach wedi rhwyddhau gwaith pencadlys archwiliad o'r fath, arferem ddefnyddio sustem a fedyddiwyd gan y rhai a'i creodd yn Scotland Yard yn sustem ddisgyrchu *(gravitation system)*.

Arferid llanw cerdyn i gofnodi pob gronyn o wybodaeth a ddeuai i law, rhai gydag enwau personau arnynt, eraill gyda chyfrif am unrhyw beth a allai fod yn gysylltiedig â'r amgylchiad. Fel y deuai mwy a mwy o wybodaeth i law, ymddangosai enwau a disgrifiadau o rai a allasai fod yn berthnasol. Fel yr âi'r ymchwiliadau ymlaen chwyddai'r casgliad o wybodaeth ar ddyrnaid prin o'r cardiau, ac yn naturiol ceid llawer mwy ynglŷn ag un neu ddau. Rhoddai'r sustem ganllawiau cadarn i'r heddlu a'u cynorthwyo i sianelu eu hymdrechion i gyfeiriad yr un neu ddau a gawsai amlygrwydd cynyddol yn y sustem ddisgyrchu.

Yn y blynyddoedd cyn yr Ail Ryfel Byd, Scotland Yard oedd prif ganolfan gofnodi olion bysedd troseddwyr drwy Brydain. Yn y cyfnod yn dilyn y rhyfel gwelwyd gorlif o droseddu, a buan y casglwyd ei bod yn amhosibl darparu gwasanaeth effeithiol ar gyfer holl heddluoedd y wlad o fewn un ganolfan. Penderfynwyd sefydlu canolfannau rhanbarthol at amgenach gwasanaeth, a daeth pencadlys Heddlu Lerpwl yn ganolfan newydd i ardaloedd Gogledd Cymru. Galwyd y gyfundrefn newydd yn MERCRO *(Merseyside Criminal Record Office)* ac apwyntiwyd nifer o arbenigwyr o heddlu Lerpwl i ganfod ac adnabod olion bysedd mewn achosion difrifol. Bu'r gwasanaeth hwnnw'n gymorth amhrisiadwy i heddluoedd y cylch.

Cysylltais â'r ganolfan a gofyn am gymorth tîm

profiadol i ddod ar fyrder i archwilio'r tŷ. Cefais addewid y buasai'r tîm ym Mangor ymhen dwyawr a gofynnwyd imi atal pawb rhag mynd yno yn y cyfamser.

Pan dorrodd y wawr euthum i Elm Bank gan ofalu na chyffyrddwn ag unpeth. Fy argraff gyntaf oedd na welais erioed dŷ mor dwt gyda phopeth yn ei union le. Nid oedd unrhyw arwydd fod lleidr wedi bod yn chwilio am ysbail yn unlle. Ar un wedd, roedd hynny'n dwysáu'r broblem.

Anodd ydoedd dirnad y buasai unrhyw wryw yn torri i dŷ hen wraig wyth deg a phedair mlwydd oed gydag amcanion rhywiol. Yn wir, prin fod y term 'torri i mewn i dŷ' yn un cywir am nad oedd unrhyw arwydd o hynny yn unman. Oni fu'n rhaid i'r rhingyll dorri gwydr i fynd i'r tŷ ar y cychwyn cyntaf?

Cerddais i mewn i'r ystafell orau yn ffrynt y tŷ. Ar yr olwg gyntaf, edrychai hon yn fwy destlus fyth, popeth eto yn ei union le; mor lanwaith nes imi deimlo fy mod yn baeddu'r ystafell wrth roi fy nhraed ar y carped. Euthum draw at y lle tân, ac edrych yn ôl i gyfeiriad y soffa y tu ôl i'r drws agored. Sylwais ar unwaith ar rywbeth a safai allan yn gwbl amlwg yng nghanol yr holl daclusrwydd. Ar y soffa, gorweddai blanced amryliw, flewog, y math o gwrlid lliwgar a ddefnyddir mewn cerbyd modur. Roedd yn bentwr blêr a oedd yn amlwg wedi ei luchio'n ddiofal gan rywun. O gysidro trefnusrwydd y tŷ, roedd yn bur amlwg nad Miss Edith a'i lluchiodd mor ddiofal. Pwy arall? Neb ond y llofrudd, os gwir yr honiad ei bod wedi'i llofruddio.

Treuliais rai munudau yn ceisio barnu pwysigrwydd y darganfyddiad. Daeth sawl syniad i'm meddwl, ond o'r diwedd dyfelais fod rhywun wedi cysgu ar y soffa, ei fod wedi cludo'r cwrlid oddi ar wely Miss Edith a'i ddefnyddio i'w gadw'n gynnes mewn ystafell eithriadol oer. Os felly, roedd y llofrudd wedi lladd Miss Edith, o bosibl yn hwyr nos Wener. Yna, o ganfod — efallai ei fod yn gwybod — nad oedd neb arall yn y tŷ, ei fod wedi cysgu'r nos ar y soffa rhag ofn i rywun ei weld yn gadael y tŷ ar adeg anarferol, a chreu amheuaeth. Neu, ar y llaw arall, ei fod yn berson digartref heb loches i fynd iddi. Os mai crwydryn ydoedd, byddai'n saffach iddo gerdded strydoedd y ddinas yn y dydd yng nghanol pobl yn hytrach na cheisio dianc ganol nos pan fyddai plismyn ar yr heolydd. Gellid dadlau o gyfeiriad gwahanol eto fyth, y gallasai adael Elm Bank yn hwyr y nos heb i undyn ei weld dim ond cymryd digon o ofal. Roedd yn amlwg fod y llofrudd angen to uwch ei ben hyd y bore a'i fod wedi cysgu'r nos o fewn ychydig lathenni i gorff yr un y bu ef yn gyfrifol am ei farwolaeth. Os gwir y ddamcaniaeth awgrymai hynny gryn dipyn am bersonoliaeth y llofrudd.

Teimlwn rywfodd y gallai'r cwrlid fod â rhan dyngedfennol yn yr ymchwiliad (ond imi ddod o hyd i'r llofrudd) am y rheswm syml hwn: os bu iddo gysgu odano, yn ddi-os byddai dwsinau o ffeibrau du, coch, oren, gwyrdd a glas o'r blanced flewog wedi glynu yn ei ddillad. At hynny, gallasai ffeibrau o'i ddillad yntau fod ynghlwm wrth y cwrlid, heb anghofio'r goban nos, dillad gwely Miss Edith, y clustogau a chwrlid rhydd y soffa.

Wrth ystyried pwysigrwydd y ffeibrau, euthum ati i feddwl am agwedd fforensig ymchwiliad o'r fath.

Codai'r cwestiwn a ddylwn alw am gymorth gwyddon-wyr o labordy fforensig y Swyddfa Gartref yn Preston. Roeddwn yn ymwybodol iawn y dylwn eu galw am y gallent fod o gymorth gwirioneddol i mi. Ond gwyddwn hefyd nad oeddynt yn orhapus o ddod yn dilyn ymyrraeth â man y llofruddiaeth, yn enwedig wedi i'r corff gael ei symud oddi yno. Oherwydd hyn, dewisais beidio nes gweld rhagor o ddatblygiadau, yn bennaf yr archwiliad *post mortem*.

Erbyn naw o'r gloch roedd sylfeini cadarn ar gyfer y gorchwyl wedi eu gosod: y ganolfan yn barod am ymchwiliad hirfaith petai angen, llu o blismyn a sawl ditectif wedi eu rhybuddio i drafaelio i Fangor ar alwad ffôn, gyda phopeth yn dibynnu ar ganlyniad yr archwiliad meddygol am ddeg o'r gloch.

Yn brydlon am ddeg, yn ôl ei arfer, dechreuodd Dr Gerald Evans ar ei waith annymunol, gyda John P.M., ei was bach, yn ei gynorthwyo, a'r ffyddlon Miss Eurona Jones, ei ysgrifenyddes, gyda'i llyfr bach llaw-fer a'i phensil i gofnodi popeth y dymunai'r patholegydd iddi ei nodi. Yno y safai, mor ddibryder â phe bai hi gartre; sefyll yng nghanol yr aroglau gormesol, yng ngolwg gwaed a holl gynnwys y corff dynol wedi'i daenu o'i blaen ar fyrddau archwilio'r ditectif meddygol, golygfa y methodd sawl plismon ddygymod â hi.

Aeth y patholegydd ati'n fanwl iawn i archwilio'r corff am unrhyw arwydd o anaf, ond methodd â gweld unpeth o'i le. Dangosodd i mi nad oedd unrhyw arwydd o wasgu ar y gwddf, y geg na'r ffroenau. Os mai mygu oedd achos ei marwolaeth, golygai hynny fod rhywun wedi cau y ddau agoriad anadlu drwy osod rhywbeth meddal fel gobennydd, clustog neu blanced dros ei hwyneb a phwyso arno'n weddol ysgafn nes iddi drengi, heb gleisio'r croen.

O gofio'r hyn a welodd y rhingyll ar y cychwyn, roedd darnau'r jig-so yn dechrau syrthio i'w lle.

Wedi archwilio rhannau benywol y corff mynegodd y meddyg na fu i Miss Edith erioed gysylltu'n rhywiol ag undyn ac nad oedd unrhyw arwydd treisio nac ymgais i dreisio cyn iddi farw.

Yn sydyn, sylwais ei fod wedi darganfod rhywbeth o fawr ddiddordeb iddo ar y rhan isaf o groen y bol: clwt bychan, hylif o ryw fath a oedd bellach wedi fferru ar y croen. Aeth ati'n ofalus i'w grafu i ffwrdd a'i ddodi mewn potel fechan gan orchymyn i John ei gludo i'r labordy a gofyn i'r biocemegydd am ddadansoddiad cyflym.

Yna, agorodd y frest a dinoethi'r ddwy ysgyfaint. Gwelwyd ar unwaith gannoedd o rwygiadau pen-pin yn y rhwydwaith gwythiennau hyd wyneb dau gwd awyr o gnawd. Wedi canfod y dystiolaeth, mynegodd y meddyg: 'Rydw i'n awr yn berffaith sicr fod y wraig yma wedi'i llofruddio drwy i rywun ddefnyddio grym i gau'r ddwy fynedfa awyr i'w chorff, ac mai achos ei marwolaeth yw "cael ei mygu yn fwriadol o dan law rhywun".'

Yn y man, daeth y biocemegydd i'r mortiwari a dweud mai hylif o gorff gwrywaidd oedd yr hyn a roddwyd iddo i'w ddadansoddi a'i fod yn cynnwys had dynol oedd bellach wedi sychu a marw.

I mi, roedd hwn yn ddatganiad syfrdanol ac yn rhoi gwedd hollol wahanol i'r ymchwiliad. O leiaf roedd yn awgrymu nodwedd hynod neu wendid dwys yng nghymeriad y llofrudd. Nid afresymol a fyddai casglu, felly, fod rhyw wryw wedi llwyddo i ddod i mewn i'r tŷ ac wedi mygu Miss Edith gyda'r gobennydd a'r clustogau oddi ar y gadair ger y gwely. Ar ôl ei lladd fe ddinoethodd y corff drwy rwygo'i choban, ac yna defnyddio'i chorff egwan i bwrpas rhywiol o ryw fath. Yn fyr o dreisio. Yna, fe'i gosododd i orwedd yn naturiol ar ei chefn a thwtio dillad y gwely nes i'r cyfan ymddangos fel petai wedi marw'n dawel a naturiol yn ei chwsg.

O ystyried popeth, roedd ei weithredoedd yn cyfleu hylltod o syniadau ynghylch meddylfryd y llofrudd ac yn codi'r cwestiwn p'run ai lladrad ai ynteu amcanion rhywiol oedd y cymhelliad ar y cychwyn. Roedd yn anodd credu mai bwriad rhywiol oedd y tu ôl i'r cyfan; roedd yn fwy tebygol mai lladrad oedd y cymhelliad gwreiddiol. Tybed a fu iddo dorri i'r tŷ yng nghanol y nos gan dybio fod Miss Edith yn cysgu yn y llofft, a'i fod wedi ei deffro? Yna, i'w rhwystro hi rhag cynorthwyo'r heddlu gyda disgrifiad ohono (neu yn wir ei enw, pe digwyddai fod wedi'i adnabod) fe'i lladdodd. Wedyn, parodd rhyw fympwy rhywiol gwyrgam yn ei gymeriad iddo ymddwyn yn anweddus gyda'i chorff marw.

Erbyn hyn, roeddwn ar dir eithaf cadarn ac yn llawn barod i lansio ymchwiliad trylwyr i'r llofruddiaeth.

Y gorchwyl pwysig cyntaf oedd tynnu lluniau fyrdd o'r tŷ o'r ochr allan, yn enwedig y ffenestr uchel yn y cefn. Honno oedd y man gwan, yn fy nhyb i. Yna'r ystafell fyw a'r gwely; ond yn bwysicach fyth, y cwrlid ar y soffa yn yr ystafell ffrynt.

Wedi cael y lluniau cefais swyddogion i blygu'r cwrlid amryliw mewn cwd plastig, a'i selio; yna holl ddillad gwely Miss Edith, y clustogau, y matiau bychain hyd lawr y gegin gefn a'r ystafell ffrynt, cwrlid rhydd y soffa ynghyd â llenni ffenestr y gegin gefn. Os nad oedd gan y llofrudd agoriad i'r drws ffrynt, roeddwn erbyn hyn yn gadarn fy marn iddo rywfodd fynd i mewn drwy ffenestr y gegin. Sicrhawyd y defnyddiau yn y bagiau plastig, eu selio a'u cadw dan glo yn swyddfa'r heddlu.

Yn y cyfamser cyrhaeddodd y tîm olion-bysedd o Lerpwl. Ni bu'r rheini fawr o dro yn darganfod olion, pur aneglur, fod rhywun wedi dringo pibell ddŵr glaw yng nghefn y tŷ i ben y cwt glo o dan ffenestr y gegin. O sefyll ar do'r cwt glo, gallai gyrraedd y ffenestr. Gwelwyd hefyd olion esgidiau yn crafu'r graean ar wyneb muriau'r tŷ wrth ddringo at y ffenestr.

Ffenestr hen ffasiwn *sash* ydoedd, gyda'r ddau hanner yn agor. Gwelodd y swyddogion fod y bach i rwystro'r hanner uchaf rhag disgyn wedi torri, a'i bod yn bosibl, drwy ddefnyddio grym, i godi'r hanner isaf i berson fedru ymwthio drwy'r hafn. Bu'r arbenigwyr wrthi am oriau yn chwistrellu powdrau du, gwyn a llwyd hyd bopeth yn yr ystafell fyw a'r ystafell ffrynt gan chwilio'n ddyfal am olion bysedd. Ar ddiwedd yr ymdrechion, gan fod pob man a phopeth mor lân a di-lwch, nid oedd olion bysedd i'w gweld yn unman ond o gylch y ffenestr gefn. Ar goedwaith llyfn y ffenestr, gwelwyd awgrym o ôl bysedd rhywun oedd yn gwisgo menyg lledr. Nid oedd patrwm o fath yn y byd yn yr ôl hwnnw am fod menyg lledr yn gadael olion gwahanol iawn i fysedd mewn menyg gwlân.

Y ddwy fantais a ddeilliodd o weithgareddau'r swyddogion o Lerpwl oedd sefydlu'n ddi-os y modd y llwyddodd y llofrudd i gael mynedfa i'r tŷ, a hefyd darganfod nad amatur ydoedd. Awgrymai'r wybodaeth ymhellach fod eithaf siawns i ddarganfod llwch, paent, huddygl, calch a graean ar esgidiau a dillad y llofrudd. Trefnais i'm swyddogion gasglu samplau o'r elfennau hyn a'u cadw'n ddiogel mewn cydau plastig a'u labelu'n ofalus.

Roedd y dystiolaeth o ŵr yn gwisgo menyg yn fy mhoeni i raddau. Petai Miss Edith yn eneth ddeniadol ugain oed, haws fuasai credu mai ei pherson hi a ddenodd y llofrudd i'r tŷ. Rhesymol felly oedd casglu mai lladrad oedd gwraidd y cyfan, yn enwedig o ddeall fod bag-llaw Miss Edith wedi diflannu, ac ynddo, yn ôl y cymdogion, ei phwrs a'i harian parod.

Fel rheol, lladron amatur ffôl, neu'r math o ladron a gymer fantais ar gyfle a ddaw i'w rhan, yw'r rhai sy'n mentro torri i adeilad heb fenyg am eu dwylo. Ar y llaw arall, nid â lleidr (sydd â'i olion bysedd yn nwylo'r heddlu eisoes) fyth yn agos at adeilad heb wisgo menyg. Rhesymol, felly, oedd casglu fod y llofrudd yn hen law a bod ei olion bysedd yn nwylo'r heddlu.

Mae plismyn profiadol sydd wedi ymdrin â lladron dros gyfnod o amser yn meddu ar ddirnadaeth o gymeriad y math yma o bobl. Canradd fechan iawn ohonynt, hyd yn oed wedi eu cornelu, a geir yn llofruddio. Gan amlaf, pan aflonyddir arnynt yn lladrata, yr adwaith arferol yw dianc am eu hoedl.

Pan oeddwn wrthi'n chwalu meddyliau fel hyn ynghylch arferion troseddwyr, gwawriodd damcaniaeth newydd sbon arnaf: tybed a fu i Miss Edith adnabod yr adyn? Pe bai hynny'n wir, yna buasai'n fath o raid arno yntau ei ladd i'w arbed ei hun rhag syrthio i ddwylo'r heddlu.

Wrth ddilyn y dyfaliad hwn, ystyriais bosibilrwydd pellach: tybed a oedd y lleidr yn gyfarwydd â thŷ Elm Bank? Os ydoedd, buasai'n naturiol iddo dybio fod Miss

Edith yn hepian yn ei llofft a'i bod yn ddigon pell i ffwrdd o'r gegin. Ond yr hyn na wyddai ef oedd bod yr hen wraig ers peth amser bellach yn cysgu i lawr yn y gegin.

Felly, pan gerddodd ef yn llawn hyder i'r gegin honno y tebygrwydd oedd i Miss Edith, wrth glywed ei sŵn, droi'r golau ymlaen, a'i bod wedi'i adnabod yn y fan a'r lle.

Roedd hynny oll yn gwbl bosibl.

Llythyr Mewn Drôr

Pan oeddwn yn blismon ifanc anfonwyd fi i ysgol hyfforddi ditectifs yn Wakefield, Swydd Efrog. Un cyngor a dderbyniais yno oedd: 'Peidiwch byth ag anwybyddu'r cwnstabl lleol sydd fel arfer yn storfa werthfawr o wybodaeth am ladron a drwgweithredwyr lleol.' Cofiais y cyngor, ac euthum at PC Raymond Vaughan, a ddyrchafwyd yn ddiweddarach yn Brif Arolygydd, heddwas oedd yn adnabod pawb ymron ym Mangor Uchaf a'r cylch. Pan ofynnais iddo wneud rhestr o enwau lladron lleol a allai fod o ddiddordeb imi, addawodd yntau ddod â'i restr ataf yn hwyrach yn y dydd.

Erbyn un ar ddeg y bore roedd peirianwaith yr ymchwiliad yn barod i droi, aelodau'r staff wedi eu hapwyntio i redeg y ganolfan, pob un â'i orchwyl arbennig wedi'i nodi iddo, gyda pheirianwyr y GPO yn gosod llinellau ychwanegol i'r swyddfa. Roedd yr Arolygydd lleol wrthi'n prysur ddosbarthu'r ardal i sectorau, gan apwyntio swyddogion i wneud ymholiadau o ddrws i ddrws; roedd ffurflenni wedi eu paratoi yn null holiaduron (i'w llenwi ar gyfer pob gwryw dros bedair ar ddeg drwy'r fro) a phlismyn, heddferched a ditectifs o bob cwr yn cyrchu tua Bangor i'm cynorthwyo.

Ffynhonnell o gymorth gwerthfawr arall oedd y *Regional Crime Squad*, sef uned symudol o gudd-swyddogion profiadol wedi eu neilltuo o heddluoedd y Gogledd Orllewin. Byddai'r rhain wrth law unrhyw amser ar alwad ffôn i roi help gydag ymchwiliadau i achosion o dorcyfraith difrifol. Ffoniais eu pennaeth, y Prif Gwnstabl Cynorthwyol Cunningham, ac addawodd anfon tîm o'i swyddogion mwyaf profiadol o Fanceinion, Lerpwl, Caer a Wrecsam gan ategu y deuai ef ynghyd â'i ddirprwy i Fangor i'm helpu. Wedi iddynt gyrraedd, eu gwaith oedd canolbwyntio ar ddrwgweithredwyr cyson yr ardal, dynion â'u holion bysedd yn nwylo'r heddlu yn barod, yn enwedig y rhai mwyaf creulon eu natur; yn anffortunus, nid oedd ardal Bangor yn brin o'r math yna o ddynion.

Wedi casglu popeth amlwg a allai fod yn dystiolaeth o Elm Bank, anfonais dri ditectif i'r tŷ hwnnw o dan arweiniad y Cudd-ringyll Emyr Jones (yn ddiweddarach, Cudd-uwcharolygydd a chudd swyddog gyda'r Weinyddiaeth Amddiffyn). Eu tasg yno fyddai archwilio'r tŷ â chrib mân o'r nenlofft i'r seler am unrhyw beth a allasai fod o gymorth. Gwyddwn yn burion fod Emyr Jones yn swyddog dibynadwy a thrwyadl ac yn un â thrwyn fel ffured ganddo.

Erbyn hyn roedd y ganolfan fel cwch gwenyn: swyddogion yn tramwy'n ôl a blaen, pob un yn cyrraedd gyda rhyw bwt o wybodaeth i'w gofnodi yng nghrombil y sustem oedd yn prysur chwyddo o'r naill funud i'r llall. O weld fod popeth yn mynd rhagddo mor effeithiol, penderfynais innau ddianc am bwl o ddistawrwydd lle cawn bendroni uwchben y sefyllfa. Felly, i lawr â mi i dawelwch glannau Menai.

Deuthum i'r penderfyniad mai gŵr lleol oedd y llofrudd, gŵr a fu yn nwylo'r heddlu o'r blaen, o bosibl fwy nag unwaith — lleidr profiadol yn gwisgo menyg — un a oedd efallai yn gyfarwydd ag Elm Bank ac yn adnabod Miss Edith. Bernais y gallai fod yn ŵr brwnt

ei natur, yn barod i ladd yn hytrach na syrthio i ddwylo'r
heddlu unwaith yn rhagor; bod rhywbeth yn rhyfedd yn
ei agwedd rywiol fel un oedd yn barod i ddefnyddio corff
marw i borthi'i chwantau, a'i fod yn ddigon eofn i gysgu
noson o fewn ychydig lathenni i'r corff; ei fod o bosibl
yn ddigartref, am iddo gysgu yn Elm Bank rhag ofn i'r
heddlu ei weld hyd heolydd y ddinas liw nos.

Pan ddychwelais i'r ganolfan ganol dydd daeth galwad
ffôn o Elm Bank oddi wrth Emyr Jones yn gofyn imi fynd
yno'n ddi-oed am ei fod wedi dod ar draws rhywbeth
diddorol dros ben. Canfu lythyr mewn drôr, wedi'i
ysgrifennu rai wythnosau ynghynt at Miss Edith o garchar
Walton yn Lerpwl gan garcharor o'r enw Arthur Philip
Wynne.

Sylwais ar unwaith fod enw Wynne wedi ymddangos
ar restr yr enwau a gefais rai munudau ynghynt gan y
Cwnstabl Vaughan fel un posibilrwydd cryf iawn.
Gwyddai'r Cwnstabl yn dda am Wynne (oedd yn hanfod
o Borthaethwy) fel un o ladron cyson yr ardal. Gŵr sengl,
yn or-hoff o'r ddiod, yn aml yn ddigartref ar ôl cael ei
alltudio gan ei deulu yn dilyn cyfnodau byrion mewn
carchar fel cosb am dorri i dai a lladrata. Tybiai Vaughan
ei fod un ai wedi'i ryddhau neu ynteu ar fin cael ei
ryddhau ar ddiwedd tri mis o garchar am dorri i gartref
Dr Christie, meddyg lleol, a'i dŷ heb fod nepell o Elm
Bank. Cofiodd y Cwnstabl iddo weld Wynne yn chwynnu
a thacluso gerddi, glanhau ffenestri a llwybrau cartrefi
trigolion oedrannus Bangor Uchaf. Ond nid yn Elm
Bank.

Cyrhaeddais Elm Bank i ddarllen llythyr wedi'i
ysgrifennu ar y papur llythyru arferol mewn carchar.

Dyma'i gyfieithu o'r Saesneg — gan gynnwys ambell gamsillafiad o'r enw 'Christie':

Carcharor Rhif: 32476/66
Enw'r Carcharor: A. P. Wynne
Carchar Walton, Lerpwl

17 Ionawr 1967

Annwyl Miss Williams,

Mi fyddwch yn fy nghofio i — Arthur, fyddai'n arfer dod rownd i'ch helpu chi i dacluso o gylch yr ardd, torri coed tân a gwneud rhyw fân orchwylion ichi.

Mae arnaf gywilydd ysgrifennu atoch o'r cyfeiriad yma lle rydw i wedi bod ers rhai wythnosau. Anfonodd llys Bangor fi yma wêdi i mi, yn ffôl iawn, fynd i gartre Dr Christy pan oedd o i ffwrdd ar ei wyliau. Roedd o wedi bod yn garedig iawn wrthyf i. Rhoddodd o a Mrs Christy fwyd ac arian imi am i mi eu helpu fel y bûm i yn eich helpu chi. Roeddwn mewn anobaith ac wedi bod yn diota. Doedd gen i unlle i gysgu ac yr oeddwn bron â llwgu.

Euthum yno i chwilio am waith i ennill arian at brynu bwyd ond canfûm eu bod oddi cartre ar eu gwyliau.

Fel ffŵl, euthum yn ôl yno a thorrais i mewn i chwilota am fwyd ac arian. Mae cywilydd arnaf am wneud hyn, yn enwedig o gofio bod y ddau wedi bod mor garedig wrthyf.

Ar ddiwedd fy nhymor yng ngharchar, bydd yn rhaid imi ddychwelyd i Ogledd Cymru gan nad oes gen i unlle arall i fynd. Mae'n debyg na chaf groeso gan Dr Christie bellach ar ôl imi dorri i mewn i'w gartre.

Gobeithiaf yn arw nad ydwyf wedi pechu yn eich erbyn chi am imi wneud hyn, ac y gadewch imi ddod acw eto i'ch helpu yn yr ardd ac o gylch y tŷ.

Gobeithiaf eich bod eich dwy mewn iechyd da.

Yn ddiffuant,

Arthur Philip Wynne.

I greadur gyda chyfrifoldeb ymchwilio i achos llofrudd-iaeth yn pwyso'n drwm ar ei ysgwyddau, y Prif Gwnstabl yn galw am ganlyniad cyflym i arbed costau, trigolion yr ardal (yn enwedig yr hen a'r unig) yn datgan eu hofnau, eraill yn ysu am waed y llofrudd, i mi roedd cynnwys y llythyr fel manna o'r nefoedd.

Holl bwysig mewn unrhyw ymchwiliad yw cadw meddwl agored rhag penderfynu'n fyrbwyll ac efallai'n hollol anghywir. Er gwaethaf ensyniad y nawdegau ynghylch yr heddlu mewn dyrnaid prin iawn o gamgymeriadau honedig, gallaf ddatgan yn ddiflewyn ar dafod, fel ugeiniau o arweinyddion mewn ymchwiliadau tebyg, mai fy ngwir arswyd ym mhob achos oedd gwneud camgymeriad erchyll a chyhuddo'r person anghywir. Buasai camgymryd felly'n andwyol i'r cyhuddedig ac yn ddinistriol i'r swyddog ei hun. Oherwydd gwaradwydd y cam, byddai ei uwch-swyddogion yn colli ffydd ynddo, ac ar wahân i ddifetha'i yrfa'i hunan, byddai, ar ben popeth, yn gwneud ei Brif Gwnstabl, yr Awdurdod Heddlu, ac ef ei hun, yn atebol i achos o iawndal sylweddol.

Roedd popeth ynglŷn â Wynne a'r llythyr yn gyson â'r ddamcaniaeth o leidr lleol. Roedd ei olion bysedd yn llaw yr heddlu, roedd yn ddigartref, yn hen lanc yn teimlo'n annigonol yng ngŵydd benywod, ac yn un ag angen arian arno. Bellach, roedd wedi cyfaddef yn ei lythyr ei fod yn gyfarwydd â Miss Edith, yn meddu ar wybodaeth o'i ffordd o fyw, ac yn bwysicach fyth, yn gwybod y ffordd rwyddaf o fynd i mewn i'r tŷ.

Am ei fod yng ngharchar, ni wyddai fod Miss Annie wedi marw. Ond yn bwysicach fyth, tybiai fod Miss Edith yn cysgu yn y llofft ac y byddai'n eithaf diogel iddo dorri i mewn drwy ffenestr y gegin, gryn bellter o'r llofft.

Os mai Wynne oedd y llofrudd, gwireddwyd y ddamcaniaeth ei fod wedi gwneud sŵn wrth ddod drwy'r ffenestr, i Miss Edith roi'r swits ymlaen, ac iddi yn y golau ei adnabod ac efallai alw'i enw. Yn hytrach na rhoi'r cyfle iddi ei anfon yn ôl i'r carchar penderfynodd ei lladd, yna defnyddio'i chorff i amcanion anweddus cyn cysgu ar y soffa dros nos. Wedi lladrata'i bag-llaw a'r arian mae'n debyg iddo adael y tŷ fore Sadwrn pan oedd nifer o bobl o amgylch yr heolydd.

Cysylltais yn unionsyth â'r carchar yn Lerpwl a deall fod Wynne wedi'i ryddhau ychydig wythnosau ynghynt. Roedd wedi nodi cyfeiriad ei gartref ym Mhorthaethwy er mwyn i'r swyddogion prawf fedru cysylltu ag ef dros y cyfnod penodedig oedd yn amodol â'i drwydded rhyddhad.

Yn ddiweddarach, cadarnhawyd na chafodd groeso gan ei gartref am iddo gamymddwyn, diota a lladrata'n gyson a'i fod bellach yn grwydryn. Deallwyd iddo gael ei gyflogi yr haf blaenorol fel gwas bach golchi-llestri mewn gwestyau yn Llandudno. Gan fod tymor y gwyliau yn agosáu, y tebygrwydd oedd iddo lechu rywle yn yr ardal honno yn disgwyl gwaith dros dro.

Roeddwn yn ffodus fod gennyf yn Llandudno gudd-ringyll profiadol, un yn adnabod ei ardal a'i phobl. Os mai Llandudno oedd cyrchfan Arthur Philip Wynne, gwyddwn y deuai Cudd-ringyll Goronwy Evans (yn ddiweddarach Uwch Brif Arolygydd) o hyd iddo mewn byr amser. Siaredais â'r swyddog, aeth ati'n ddi-oed i gysylltu â'i 'ffrindiau' yn yr isfyd a arferai brepian rhai pethau wrtho gan obeithio bod ar y tu clytaf i'r clawdd, fel petai.

Yn y cyfamser roedd yr ymchwiliad o gylch Bangor yn rhygnu ymlaen yn ddi-dor a thrwyadl. Galwodd heddweision mewn cannoedd o dai — yn ardal Bangor Uchaf ar y cychwyn; ymagor wedyn dros y ddinas yn gyfan gwbl, cyn ymledu ymhellach i gyfeiriad Porthaethwy dros afon Menai.

Roedd Bangor yn ferw o gudd-swyddogion a phlismyn, a pharai hynny gryn ddiflastod i ddrwgweithredwyr yr ardal. Mae'n wir na byddai'r rheini ond yn rhy falch o 'helpu' gyda'r archwiliad. Trwy ystwytho felly byddent yn cael gwared â'r awdurdodau — dros dro, o leiaf. Wedi'r cyfan, onid oedd presenoldeb gwŷr y gyfraith ar hyd yr heolydd yn eu hatal rhag dal ymlaen â'u gweithredoedd amheus?

Mwy na hynny, oni allai ateb yr holi caled droi'n fodd i ddatrys nifer o fân droseddau eraill a fu'n fwrn ar y ddinas ers llawer o amser? Ac yn sgil rhoi ateb llac a baglu ar air, roedd yna berygl y gelwid hwythau i gyfri'n ogystal.

Codi'r Trywydd

Ganol y pnawn Llun hwnnw cefais ganiad ffôn gan
Goronwy Evans yn dweud ei fod wedi dod o hyd i Wynne
mewn tŷ yn Caroline Road, Llandudno, ac iddo'i hysbysu
fod yr heddlu yn awyddus i'w holi ynglŷn â rhyw
ddigwyddiad. A dyna'r cyfan. Cytunodd i fynd gyda'r
swyddogion i orsaf yr heddlu yn Llandudno.

Gofynnais i'r rhingyll ei gyrchu ar unwaith i Fangor,
a'i siarsio nad oedd ef nac unrhyw swyddog arall i grybwyll
y llofruddiaeth o gwbl. Gofynnais iddo anfon swyddogion
i'w ystafell yn Llandudno a'u bod i ymarfer y gofal eithaf
wrth gymryd meddiant o bob dilledyn o eiddo Wynne,
ei esgidiau, dillad ei wely, y llenni a'r mat wrth ochr ei
wely gan ofalu peidio eu hysgwyd yn ormodol rhag colli'r
llwch a'r ffeibrau ynddynt. Yna, dylid eu selio mewn
cydau plastig, pob un wedi ei labelu, a'u cadw'n ddiogel
yn yr orsaf yn Llandudno.

Tybiwn ei bod yn holl bwysig i beidio cyrchu'r
nwyddau i Fangor rhag ofn y deuai Wynne o flaen llys
barn yn y man. Bryd hynny, byddai canfod ffeibrau a
gronynnau o lwch o Elm Bank yn ei ddillad yn dyngedfen-
nol ac yn dystiolaeth ddamniol. Hawdd fuasai i far-
gyfreithiwr dros yr amddiffyniad amgrymu fod eiddo
Wynne wedi dod i gysylltiad â'r eitemau o Elm Bank yn
yr ystorfa yng ngorsaf yr heddlu ym Mangor. Neu'n waeth
fyth, honni fy mod i yn fwriadol wedi cymysgu'r cyfan
er mwyn sicrhau tystiolaeth anwadadwy o geg y

gwyddonwyr o'r labordy fforensig. Bwriadwn eu hanfon maes o law o Landudno yn syth i'r labordy yn Preston, gan ofalu y byddai'r rhain yn unig mewn cerbyd gwahanol er mwyn dileu unrhyw awgrym o gysylltiad damweiniol na bwriadol.

Ymhen hanner awr cyrhaeddodd Wynne a threfnais iddo gael ei gadw o dan warchodaeth mewn ystafell gerllaw. Yn y man, gofynnodd Goronwy Evans imi ddod gydag o allan i iard yr orsaf yn y cefn. Yno yr oedd y *Ford Anglia* y teithiodd ef, Wynne, a swyddog arall ynddo o Landudno. Dywedodd y rhingyll mai ef oedd y gyrrwr, ac i Wynne a'i osgordd eistedd yn y cefn. Heb yn wybod i Wynne, roedd y rhingyll wedi gosod drych mewnol y cerbyd fel y gallai wylio symudiadau'r gŵr ar y daith. Wrth yrru drwy Gonwy sylwodd fod Wynne yn anniddig ac aflonydd yn ei sedd, ei lygaid yn fyw a gwyliadwrus fel petai ar fwriad o ddianc. Gan mai cerbyd deuddrws ydoedd, roedd dianc yn amhosibl. Cadwodd lygad barcud arno, ac o dipyn i beth, yn hollol ddiarwybod i'r cwnstabl wrth ei ochr, tynnodd Wynne rywbeth o boced ei gôt ac yn araf bach fe'i gwthiodd i'r hafn rhwng cefn y sedd a'r glustog.

Wedi tynnu'r glustog o'i lle gwelsom bâr o fenyg lledr merch; du oedd eu lliw, mewn cyflwr da, ac yn ôl pob golwg yn rhai pur ddrudfawr.

Gofynnais i heddferch ddangos y menyg i'r ddwy gyfeilles a arferai ymweld â Miss Edith rhag ofn y gallent eu hadnabod fel eiddo'r hen wraig. Ond ofer fu'r ymdrech. Honnai'r ddwy fod gan Miss Edith fenyg duon tebyg iawn i'r rhain ac iddi arfer eu cadw yn ei bag-llaw. Yn ôl eu stori, arferai Miss Edith brynu ei dillad mewn siopau ucheldras ac na welwyd erioed mohoni'n gwisgo unpeth rhad.

Aeth yr heddferch â'r menyg i siop Wartzki, siop ddillad merched bur ffasiynol yn Stryd Fawr y ddinas, i gael barn arbenigwraig rhag ofn y gellid pennu fod Miss Edith wedi prynu'r menyg yno. Nid oedd ganddynt gofnod o'u gwerthu iddi, ond wedi hir edrych arnynt ac ar labelau'r menyg, eglurodd y wraig eu bod yn bâr drud o groen llo, wedi eu cynhyrchu yn Ffrainc a'u gwerthu yn nhŷ ffasiwn uchelradd Laurent ym Mharis. Tybiai y buasai'r pris gwerthiant oddeutu pymtheg punt.

Dewisais y Cudd-ringyll Emyr Jones i siarad â Wynne yn gyntaf; roedd ef yn holwr hirben a galluog, heb fyth fod yn ormesol, a phob amser yn gwbl deg. Ei dasg ar y cychwyn fyddai holi ynghylch y menyg ac wedyn ceisio'i gael i roi manylion o'i symudiadau dros y pen-wythnos, yn enwedig nos Wener. Ond nid oedd i grybwyll Elm Bank ar unrhyw gyfrif.

'Ym mhle y cawsoch chi'r pâr menyg yma?' gofynnodd y swyddog.

'Eu prynu nhw yn Woolworth Llandudno am hanner coron,' atebodd Wynne. 'Roeddwn i newydd ddod allan o'r carchar.'

'Pam prynu menyg merch?'

'Am eu bod nhw'n gynhesach. Ac mi fydda i'n ei chael hi'n haws gweithio efo menyg ystwyth am fy nwylo.'

'Ydach chi'n golygu ei bod hi'n haws torri i dai?'

'Dim byd o'r fath.'

'A pheidio â gadael olion bysedd yn unlle, efallai?'

'Na. Rydw i wedi troi dalen newydd ar ôl bod yn y carchar.'

'Pam y gwnaethoch chi guddio'r menyg y tu ôl i sedd y car?'

'Rhag ofn i'r plismyn feddwl mai petha ar gyfer torri i mewn i dai oeddan nhw.'

Gyda chryn dreth ar ei amynedd, aeth y Cudd-swyddog ymlaen ac ymlaen â'r holi ond nid oedd Wynne yn ildio'r gronyn lleiaf. Mynnai fod yr arbenigwraig yn siop Wartzki yn siarad trwy'i het, ac yn nes ymlaen daliai fod rheolwr Woolworth yn Llandudno lawn mor dwp yn dweud na fu menyg o'u bath erioed ar werth yn ei siop.

O dipyn i beth, newidiodd y rhingyll ei gwrs er mwyn anelu at symudiadau Wynne dros y pen-wythnos. Fel pe bai wedi ymarfer ei bregeth yn ofalus, rhoddodd gyfrif manwl o'i symudiadau, y cyfan o gwmpas heolydd Llandudno, heb drafaelio oddi yno o gwbl. Ni allai enwi neb a allasai gadarnhau ei stori. Ond wedyn, am nad oedd wedi troseddu mewn unrhyw fodd, methai'n lân â gweld bod angen iddo geisio cofio am dystion.

Gwastraff amser fu'r cyfweliad hwnnw, a thybiai'r holwr a'i dyst fod hunanhyder Wynne yn grymuso fesul munud.

Fel yr âi'r holi ymlaen, y min nos hwnnw aeth nifer o gudd-swyddogion o gylch tafarndai Bangor i holi yn ei gylch. Bu'r ymgyrch hon yn dra llwyddiannus. Adwaenai dau o'r tafarnwyr Wynne yn dda. Tystiolaethodd y ddau iddo fod yn eu tafarndai ar y nos Wener dyngedfennol. Siaradwyd hefyd â rhai o ladron y ddinas a fu'n siarad â Wynne y noson honno, rhai wedi talu am ddiod a bwyd tafarn iddo gan nad oedd ganddo'r un ddimai yn ei feddiant. Bellach, roedd yn amlwg mai celwydd noeth oedd ei stori cyn belled ag yr oedd nos y llofruddiaeth yn bod.

Dewisodd y ddau uchel-swyddog o Swydd Gaerhirfryn, penaethiaid y *Regional Crime Squad* fynd i'w holi, y ddau yn honni iddynt yn y gorffennol holi sawl llofrudd yn llwyddiannus. Wedi deall fod y ddau dafarnwr a rhai o'i ffrindiau wedi ei weld yn nhafarndai Bangor nos Wener newidiodd Wynne ei stori drwy ddweud iddo gael hylltod o ddiod gan ei ffrindiau y noswaith honno ac na fedrai o'r herwydd gofio'r amgylchiadau na'r siwrne i Fangor. Methodd y ddau ŵr pwysig gael pen na chynffon ar ei stori.

Yn ddiweddarach, eglurodd iddo dreulio'r min nos yn cerdded o'r naill dafarn i'r llall yn edrych am gyfeillion gan obeithio cael diod ac efallai fwyd tafarn ganddynt yn rhad ac am ddim. Erbyn hanner awr wedi deg, adeg troi allan, ac yntau bellach yn hanner meddw, dechreuodd feddwl am ddychwelyd i'w ystafell yn Caroline Road, Llandudno. Heb un geiniog i dalu am ei gludo ar fws, trên na thacsi, ei unig obaith oedd ffawd-heglu a cherddodd am yr A55 yn Ffordd y Traeth gan gynnig bodio'i siawns ar bob modurwr oedd yn pasio heibio. Llwyddodd i gael ei gludo at sgwâr Llanfairfechan (ar ôl cerdded milltir yng nghyfeiriad Maesgeirchen). Roedd hi bellach yn hanner nos. Honnai mai Sais canol oed oedd gyrrwr yr *Hillman Minx* gwyn, ei wallt wedi gwynnu, ac yn smocio pibell. Gan ei fod yn feddw ni allai gofio rhagor nac ymhelaethu ar y sgwrs a fu rhyngddynt ar y daith oedd oddeutu chwe milltir. Daeth i lawr ar sgwâr y Llan, a throdd y gyrrwr am ffordd y mynydd y tu ôl i'r pentref.

Dechreuodd Wynne, yntau, gerdded i gyfeiriad Llandudno, taith o ddeng milltir a rhagor. Gorfu iddo gerdded yr holl ffordd, a chyrhaeddodd Caroline Road am ddau o'r gloch y bore. Pan roddwyd pwys arno i fanylu, dyma'r cyfan a ddywedai: 'Mae'n rhaid fod yna rywbeth mawr wedi digwydd ym Mangor nos Wener neu ddydd Sadwrn gan fod cymaint cyffro a stŵr yma. Does a wnelo fi ddim ag unrhyw dorcyfraith, felly does dim angen i mi orfod manylu ar un dim i helpu'r heddlu, achos 'chefais i erioed ronyn o help gennych chi.'

Roedd yn bur amlwg bellach nad oedd yn barod i gyfaddef unpeth, a chawsai'r holwr yr argraff ei fod yn mwynhau'r holl sylw, y cwmpeini, y cwpaneidiau te, y bwyd a'r sigarennau, a'r cyfan yn rhad ac am ddim. Yn wir, nid oeddwn yn disgwyl dim amgenach o siarad â nifer o swyddogion a fu'n ymdrin ag o droeon o'r blaen. Nid oedd lle i'r gair 'cyfaddef' yn ei eiriadur o gwbl, a mynnai rhai na wyddai ystyr y gair. (Un tro, bu iddo herwgipio gwraig ifanc, a'i llusgo i garafan, ei chlymu â'i hosanau, ei brifo â chyllell a'i threisio. Eto i gyd, yn wyneb môr o dystiolaeth yn ei erbyn, gwadodd y cyfan yn gadarn hyd y diwedd eithaf pan anfonwyd ef i garchar am bedair blynedd.)

Gwirfoddolodd plismon heini, yn gerddwr cyson a phrofiadol, i gerdded o sgwâr Llanfairfechan i Caroline Road, Llandudno. Er ei fod yn athletwr yn ei anterth, ac yn sobr, cymerodd ddwyawr dda iddo gwblhau'r daith a phrofai hynny ynfydrwydd amserlen y gŵr yn y ddalfa.

Aeth plismyn i holi yn ardal Llanfairfechan ar drywydd gŵr penwyn canol oed yn gyrru *Hillman Minx* gwyn. Mynnai'r plismon lleol, oedd yn adnabod pawb yn yr ardal, nad oedd yno'r fath berson yn bod, ac ofer fu'r holl ymdrechion i'r perwyl hwnnw. Er imi dybio mai gwastraff amser, a dim arall, oedd y gorchwyl, ni ellid gadael unrhyw garreg heb ei throi mewn ymchwiliad o'r fath. Hawdd iawn fuasai i fargyfreithiwr wneud môr a mynydd o'm hesgeulustra pa bawn heb ddilyn y trywydd, a sioc ysol, a dweud y lleiaf, fuasai i yrrwr yr *Hillman Minx* gwyn ymddangos yn dyst ar ran yr amddiffyniad ddydd y prawf, a minnau heb wneud unrhyw ymgais i ddod o hyd iddo.

Daeth yn amser imi ystyried agweddau cyfreithiol ynglŷn â pherson yn y ddalfa. Yn unol â'r ddeddf bryd hynny, roedd gennyf yr hawl i'w gadw a'i holi am bedair awr ar hugain yn unig. Wedi hynny byddai'n orfodaeth arnaf i'w ollwng yn rhydd neu drefnu iddo ymddangos o flaen yr ynadon er mwyn gofyn am yr hawl i'w gadw am dridiau yn ychwanegol. Neu ar y llaw arall, ei gyhuddo o drosedd benodol a gadael i'r llys ei ddedfrydu.

Yn oriau mân bore Mawrth euthum ati i gloriannu'r sefyllfa. Roedd gennyf amheuon fyrdd, y cyfan yn pwyntio i gyfeiriad Wynne. Ond yn y bôn, o safbwynt rheolau tystiolaethu, doedd gennyf ddim gronyn o dystiolaeth gadarn i gysylltu Arthur Philip Wynne â'r llofruddiaeth. Bellach, roedd yn amlwg nad oedd cyfaddef i fod, a golygai hynny y byddai'n rhaid imi brofi'r achos yn ei erbyn gant y cant heb unrhyw gymorth ar ei ran ef. Erbyn hyn, roeddwn yn eithaf tawel fy meddwl os mai ef oedd y llofrudd, y gallwn, maes o law brofi'r achos yn ei erbyn heb gyfaddefiad, trwy ddibynnu'n llwyr ar dystiolaeth gwyddonwyr y labordy fforensig.

Yn ffodus, roedd gennyf gadarnach tystiolaeth yn ei erbyn wrth ei gyhuddo o fod wedi dwyn. Felly, dewisais ddweud wrtho fy mod yn ei arestio a'i gadw yn y ddalfa ar sail f'amheuaeth ei fod wedi lladrata pâr o fenyg merch oddi ar berson nas adwaenid. Adroddais wrtho y rhybudd arferol nad oedd gorfodaeth arno i ddweud dim onid oedd yn dymuno, ac y gallasai beth bynnag a ddywedai gael ei gofnodi a'i ddefnyddio mewn tystiolaeth. Ei ymateb oedd: 'Dydw i ddim wedi eu dwyn nhw. Mi brynais nhw yn Woolworth am hanner coron.'

Gofynnais iddo a hoffai gael cyfreithiwr i'w gynorthwyo. Ei ateb oedd: 'Dydw i ddim wedi gwneud dim o'i le, felly i be mae eisiau twrna?' Gwrthododd hefyd y cynnig i gudd-swyddog fynd i roi gwybod i'w rieni ei fod yn y ddalfa gan ddweud: 'Maen nhw wedi fy nghicio i allan, a dydyn nhw ddim eisiau gwybod.' Cyn gadael iddo fynd i gysgu, gorchmynnais iddo ddiosg ei ddillad a'i esgidiau a rhoddwyd rhai eraill iddo yn eu lle. Cadwyd y cyfan mewn cydau plastig wedi eu labelu a'u selio.

Yn gynnar fore Mawrth trefnais i ddillad Wynne, y ddwy blanced o'r gell a chynnwys ei fflat yn Llandudno, gael eu hanfon gyda cherbyd cyflym i'r labordy yn Preston ac i eiddo Miss Edith a samplau cymharu o Elm Bank gael eu hanfon i'r un lle mewn cerbyd gwahanol. Cysylltais â swyddogion y labordy gan egluro iddynt yr amgylchiadau, bod gwir angen canlyniadau ar frys, a'u hysbysu y byddai'r cerbydau yno o fewn dwyawr. Yn anffodus, roedd y gwyddonwyr at eu gyddfau mewn gwaith, wrthi'n archwilio elfennau ynglŷn â thri achos arall o lofruddiaeth yn y gogledd-orllewin, a phawb yn crefu am sylw buan. Cefais addewid y buasai'r gwyddonwyr yn dechrau edrych ar fy mhroblem i fore dydd Iau, a gofynnwyd imi ffonio'r labordy am hanner dydd yn y gobaith y buasai ganddynt ychydig o wybodaeth ragarweiniol i'w chynnig.

Roedd yr Arolygydd lleol wedi trefnu llys arbennig am un ar ddeg y bore hwnnw, gyda'r diweddar Ernest Roberts, YH, yn y gadair. Agorwyd y gweithrediadau gan Glerc y Llys, Mr E. Lloyd Jones, yn gofyn i'r carcharor:

'Ai eich enw chi ydi Arthur Philip Wynne?'

'Ia, syr.'

'Ai eich cyfeiriad yw rhif (x) Caroline Road, Llandudno?'

'Ia, syr.'

Yna, cyfeiriodd y Clerc ataf fi, a dweud:

'Rwy'n deall fod gan y Cudd Brif-Arolygydd John Hughes, o Heddlu Gwynedd, gais i'w wneud i'r Fainc.' Ac eisteddodd i lawr.

Anerchais innau'r Fainc fel a ganlyn:

'Eich Teilyngdod, fel y clywsoch, y cyhuddedig yw Arthur Philip Wynne, brodor o Borthaethwy. Nid oes iddo gyfeiriad sefydlog ond mae ganddo ystafell dros dro mewn anheddle yn Llandudno.

'Cymerais ef i'r ddalfa am bedwar o'r gloch bnawn ddoe, wedi iddo geisio cuddio pâr o fenyg merch; y rhain (gan eu codi, fel y gwelai'r llys) o'r tu ôl i glustog yng nghefn cerbyd yr heddlu pan oedd yn teithio gyda gosgordd o Landudno i Fangor. Mae'n honni iddo'u prynu am hanner coron yn Woolworth Llandudno. Ond y mae tystiolaeth i law eu bod yn fenyg drudfawr o dŷ dillad merched uchel-ael yn ninas Paris. Dywed arbenig-wraig fod eu gwerth yn newydd oddeutu pymtheg punt. Ni werthwyd erioed fenyg o'r fath yn Woolworth Llandudno. Rydym wrthi'n gwneud ymholiadau i geisio darganfod gwir berchennog y menyg, ond ar y foment, nid yw'r gwaith hwnnw wedi'i gwblhau.

'Am fod Wynne yn berson sydd heb gyfeiriad sefydlog, a minnau gyda rhagor o ymchwilio i'w wneud, does gen i ddim dewis arall ond gofyn i'r llys am yr hawl i'w gadw yn nwylo'r heddlu am dri diwrnod. Erbyn hynny, rwy'n gobeithio y gallaf ddod â'r holl ffeithiau i'ch sylw.

'Yn unol â'r drefn, cymerais y llw, tystio imi ei arestio, cyfleu f'amheuaeth yn ei gylch, a'i rybuddio yn ôl gofyn Deddfau'r Barnwyr, ac iddo ateb:

' "Dydw i ddim wedi eu dwyn nhw. Fe'u prynais nhw yn Woolworth am hanner coron." '

Ymgynghorodd y Cadeirydd â'r Clerc am rai eiliadau, yna dywedodd: 'Heb ymhelaethu, Arthur Philip Wynne, mae'r llys yn caniatáu cais yr heddlu. Fe'ch cedwir yn nwylo'r heddlu am dridiau, hynny yw, hyd brynhawn dydd Gwener.'

Ofer fyddai imi geisio perswadio neb nad oedd yr Ustus Heddwch, na Chlerc y Llys, yn gwybod gwir amcan ymddangosiad y cyhuddedig ger eu bron. Roedd y ddau yn adnabod Wynne fel un o'u cwsmeriaid cyson. Mewn dinas fechan fel Bangor roedd hanes llofruddiaeth yr hen wraig wedi ymledu fel tân gwyllt. Roedd y lle yn orlawn o gudd-swyddogion a phlismyn dieithr. A rhywbeth anghyffredin ac amheus, a dweud y lleiaf, oedd clywed pennaeth y C.I.D. o bencadlys Heddlu Gwynedd yng Nghaernarfon yn erlyn achos mor bitw a di-nod â lladrata pâr o fenyg. Ni wn yn union beth a feddyliai'r Clerc a'r Cadeirydd ond credaf iddynt amau mai cyhuddiad cysylltiol ac atodol oedd achos y menyg.

Wedi cael tridiau ychwanegol o gyfle swyddogol i gael

y maen i'r wal cofiaf imi deimlo'n llawer hapusach. Roeddwn yn ffyddiog yn fy meddwl mai o Preston y deuai fy ngwaredigaeth maes o law, a phe bai hynny'n methu, roedd gennyf amser wrth gefn i geisio dryllio alibei gelwyddog y llofrudd honedig.

Y mis nos hwnnw gofynnais i ddau gudd-arolygydd ei holi'n ofalus, y tro hwn ar y mater ei fod yn adnabod Miss Edith yn dda, yn gwybod am bob twll a chornel y tu mewn i'w chartref, yn ogystal â'r tu allan. Yna, dwyn i'w sylw'r newydd diweddaraf fod cydnabod iddo wedi gwneud datganiad swyddogol (a'i ddangos iddo) ei fod wedi talu am beint o gwrw i Wynne mewn tafarn ym Mangor Uchaf, a oedd o fewn tri chan llath i Elm Bank, a hynny ychydig cyn amser cau ar y nos Wener dyngedfennol honno. Er iddynt ei holi yn ofalus a thrylwyr ni siglai yr un fodfedd. Cawsai'r ddau holwr yr ymdeimlad fod Wynne erbyn hyn yn credu ei fod yn berffaith ddiogel dim ond iddo gadw at ei stori wreiddiol. Credai'r ddau ei fod yn ymhyfrydu yn y sialens o groesi cleddyfau â'r heddlu, bod ei hunanhyder yn cynyddu fesul awr, a'i fod yn mwynhau'r gwmnïaeth.

Wedi deall hyn penderfynais newid fy nhacteg. O glywed ei fod yn mwynhau cwmni'r swyddogion ac yn magu hyder, tybed, meddwn, pa effaith a gawsai rhoi pen ar yr holi a rhoi profiad o unigedd iddo drwy ei adael yn y gell heb undyn i siarad ag o? Roedd ganddo doiled yn y gell ac yr oedd yn bosibl ei fwydo drwy'r ddôr fach yn y drws heb i neb yngan gair. Teimlwn na fuasai hyn mewn unrhyw fodd yn fryntnwch ond yn dacteg seicolegol, a gobaith y byddai rhai oriau o unigrwydd yn rhoi ergyd i'w hyder. Gallai'r tawelwch roi amser iddo feddwl am yr hyn a ddigwyddodd yn Elm Bank adeg marw Miss Edith, ac efallai, o feddalu ei ystyfnigrwydd, y penderfynai ar y diwedd ddweud y gwir. Rhoddwyd mŵg o de iddo a'i gloi yn y gell am y noson. Gosodwyd arwydd ar y drws nad oedd neb i ymgomio ag o, ond petai'n gofyn am unpeth o fewn rheswm, y byddid yn ei roi iddo, ond heb yngan gair.

Heb gael fawr o drefn ar gwsg nos Sul, yn ogystal â gweithio'n ddi-dor drwy nos Lun, erbyn nos Fawrth roeddwn yn dra blinedig a phenderfynais droi tuag adre am ychydig oriau yn fy ngwely. Â'm meddwl yn un pendro wrth ystyried hyn ac arall, codai cwestiynau eu pennau: tybed a oedd yna rywbeth hollol eglur yr oeddwn wedi methu ei weld? Oedd yna rywbeth ychwanegol y dylwn fod wedi'i wneud neu y dylwn ei wneud drannoeth? Fel y bardd, gallwn innau ddweud, 'Cwsg ni ddaw i'm hamrant heno, dagrau ddaw ynghynt.'

Wedi dadflino ychydig, yn ôl â mi am Fangor yn gynnar fore Mercher i wynebu problem newydd sbon. Yn y cyfnod hwnnw, deuai hanner dwsin o longau pysgota bychain â llwythi o bysgod i borthladd y Penrhyn ar gyrion y dref. Wedi dadlwytho, âi ambell long i lecyn cysgodol ar afon Menai am ddeuddydd neu dri i atgyweirio rhwydi, rhoi egwyl i'r criw, glanhau, prynu ymborth yn y dre gyfagos, a llwytho olew i yrru'r peiriannau ar gyfer y fordaith nesaf.

Albanwyr a physgotwyr o ogledd-orllewin Lloegr oedd nifer o'r morwyr, a rhai yn hanfod o ardal y dociau yn Lerpwl. Tra bu'n holi yn nhafarndai Bangor nos Fawrth, daeth un o'r cudd-swyddogion o Lerpwl ar draws cydnabod iddo o'r ddinas honno. Gŵr hawdd ei adnabod ydoedd, am fod ganddo datŵ, darlun o sarff, yn llanw'i dalcen. Anifail o ddyn, yn ôl y swyddog, wedi bod yng ngharchar am gyfnodau maith am droseddau pur ddifrifol, yn cynnwys ymosodiadau ar hen ferched. Gŵr byr ei dymer, llymeitiwr trwm, ac yn ei ddiod yn gwylltio ac ymosod ar unrhyw un nas hoffai. Y tro olaf iddo ymddangos gerbron yr Uchel Lys anfonwyd ef i garchar am bum mlynedd ar gyhuddiad o ddynladddiad wedi iddo lofruddio hen wraig yn ei chartref pan dorrodd i mewn yno i ladrata.

Am fod ei long wedi ei hangori o fewn ychydig lathenni i Elm Bank, mynnai'r ddau uchel-swyddog o Fanceinion y dylem ddod â'r gŵr dieithr i'n sylw, gan fynnu mai ffolineb fuasai ei anwybyddu. Er fy mod bellach yn ffyddiog fy mod ar y trywydd iawn ac y buasai pedair awr ar hugain arall yn cadarnhau fy ngobeithion a'm darogan, cytunais i rai o'r cudd-swyddogion fynd ati i ymholi ynglŷn â pherchennog y 'sarff', er y teimlwn mai gwastraff amser oedd y syniad.

Bu'r ditectifs wrthi bron drwy'r dydd yn holi a stilio. Ond erbyn y diwedd, cafodd ei lwyr esgusodi gan ei fod yn wael ar y llong, yn dioddef o anhwylder y cylla dros y pen-wythnos. Yn ystod yr ymchwiliad cododd nifer o bosibiliadau eiddil i'r wyneb a gorfu inni roi sylw i bob un a'u harchwilio'n drylwyr cyn eu gosod o'r neilltu ymysg y domen bapur oedd yn araf bentyrru yn y ganolfan.

Fel ym mhob achos arall o lofruddiaeth ymron, deuai nifer dda o drigolion y ddinas atom i'r ganolfan, pob un â'i bwt i'w ddweud, gyda rhai yn cynnig enwau, eraill wedi gweld neu glywed rhywbeth amheus ac yn awyddus i gynorthwyo. Ond yn eu plith fe geid ambell un busneslyd oedd wedi dod er mwyn ymddangos yn bwysig neu i gael gwybod beth oedd ar gerdded.

O edrych yn ôl, er holl brysurdeb y swyddfa, gyda phob edefyn o wybodaeth yn cael ei gofnodi ar gardiau a'u ffeilio yn nhrefn y wyddor, mae'n rhaid cyfaddef yn y bôn mai llusgo'n traed y buom gydol y dydd Mercher hwnnw.

Wrth fanteisio ar egwyl i gloriannu'r sefyllfa, roeddwn o hyd yn gweld dau bosibilrwydd: ar un llaw, credwn yn bendant y byddai'r labordy'n tystio bod ganddynt ddigonedd o dystiolaeth i gysylltu Wynne â'r llofruddiaeth. Eto, ar y llaw arall, beth petai'r labordy'n gorfod cydnabod iddyn nhw fethu â chanfod unpeth o bwys?

Pa lwybr a fyddai'n agored imi wedyn?

Petai tystiolaeth eglur a chadarn ar gael, roedd fy ffordd yn eithaf clir. Pan ymddangosai Wynne o flaen yr ustusiaid ddydd Gwener bwriadwn fynegi wrth y llys nad oeddwn am gynnig tystiolaeth iddynt ynglŷn â lladrad honedig y menyg, a'u gwahodd i'w ddyfarnu yn ddieuog.

Penderfynais fentro ysgrifennu neges gadarnhaol y labordy ar ffurflen negesau teliffon yr heddlu; cyflwyno hynny fy hunan o flaen Wynne gan ofalu'i rybuddio yr un pryd yn swyddogol unol â Deddfau'r Barnwyr. Petai yntau'n gwneud unrhyw ddatganiad, buasai'r Cuddringyll Glyn Roberts yn ei ysgrifennu ar ddogfen swyddogol. Yn dilyn, buaswn innau'n ei gyhuddo'n ffurfiol o lofruddio Miss Edith.

Hyd yn hyn, yn hollol fwriadol, cedwais draw rhag cymryd rhan yn yr holi. Heb fod yn orhenffel nac eofn, tybiwn y gallwn falurio'i alibei, ei gornelu ar y celwydd, ei gael yn brin yn y fantol, ac ar y diwedd ddenu cyfaddefiad o'i enau. Tra bu eraill yn ei holi cedwais o'r golwg ond yr oeddwn mewn lle y gallwn ei wylio'n ofalus, mesur a phwyso'i adwaith i bob cwestiwn nes adnabod ei gryfder a'i wendidau.

Mae cyfrolau wedi eu hysgrifennu ar y grefft o holi, yn enwedig gan gyfreithwyr Americanaidd. Mae'n dechneg unigryw, yn gofyn am elfen o seicoleg, geiriogrwydd, cyfrwystra a dychymyg, heb sôn am y gallu i rwystro'r cyhuddedig rhag cael y llaw uchaf. Dylid bod yn dra gofalus cyn gofyn cwestiwn tyngedfennol rhag rhoi cyfle i'r cyhuddedig nyddu atebion cwmpasog; gallai hynny daflu'r holwr ei hun oddi ar ei echel. Ar ben hyn oll, mae'n wirioneddol bwysig peidio â throi'n ymosodol rhag ofn perswadio'r carcharor i gyfaddef trosedd nas cyflawnodd.

Yng nghwrs y blynyddoedd, bu clodfori helaeth ar rai o enwogion byd y gyfraith am eu dawn lachar o holi cyhoeddus mewn llysoedd barn. Fel sêr yn uchelderau'r gamp honno, daw enwau pencampwyr fel Curtis Bennett, Marshall Hall, Rose Heilbron a George Carman. Os ymddisgleiriai'r rhain ymysg y bargyfreithwyr, nid oedd yr heddlu chwaith heb eu cewri, ac yn rheng y goreuon ceir enwau John Capstick, Nipper Reid, Gentleman John Prothero, Fabian of the Yard, Jack Slipper ac Evan W. Jones, a fu ar un adeg yn bennaeth *Special Branch Scotland Yard*.

Tra bûm yn lladd amser ddydd Mercher euthum ati i gynllunio'n ofalus f'ymosodiad geiriol ar y carcharor, a chymryd bod archwiliad y gwyddonwyr yn profi'n negyddol. Cofiais fod gennyf lawlyfr rhagorol, *The Art of Cross Examination*, gwaith cwnsler Americanaidd yn dadansoddi'r grefft o holi carcharor yn y ddalfa ac wedyn yn gyhoeddus o flaen y llys. Y noson honno darllenais rannau o'r llyfr yn ofalus, yn enwedig y penodau yn ymwneud â pharatoi ymlaen llaw ar gyfer y cyfweliad. Eglurai'r awdur bwysigrwydd rhannu'r cwestiynau yn adrannau, gyda phob is-raniad yn llwybr i gerdded hydddo gan droi pob carreg ar y llwybr hwnnw, cyn newid cyfeiriad i begwn arall. Gosodais y sylfeini ar bapur, gan ddewis ffeithiau yn ymwneud â phob agwedd o'r digwyddiad, ac yna nodi llu o gwestiynau perthnasol o dan bob pennawd. Wedi delio ag Elm Bank, Miss Edith a'r llofruddiaeth, trois at berson y carcharor, ei hanes, ei wendidau, a'i gysylltiadau ag Elm Bank. Ac yn olaf, ei stori fregus oedd yn llawn gwallau ac anghysonderau wrth roi cyfrif o'i symudiadau y nos y lladdwyd yr hen wraig.

Erbyn oriau mân y bore roedd gennyf gyfrol o bapur ac ynddi gynllun clir a sylweddol, dybiwn i, a fuasai'n meddalu ystyfnigrwydd Arthur Philip Wynne, yn dinistrio pob ymdrech ar ei ran i wadu, ac yn debygol o arwain at gyfaddefiad o'i drosedd erchyll.

Cefais noswaith dda o gwsg nos Fercher, ac am wyth fore Iau yn llawn gobaith, onid hyder, i Fangor â mi. Roeddwn yn ffyddiog y byddai'r siwrne yn ôl i Gaernarfon yn un llawer hapusach. Bu'r bore Iau hwnnw gyda'r hiraf yn fy mywyd. Er bod gennyf lu o fân orchwylion i edrych arnynt, ni allwn rywsut lawn ganoli ar unpeth ond ar awr dyngedfennol hanner dydd, yr adeg y cytunwyd imi ffonio'r labordy.

O'r cychwyn, roedd lle i gredu bod y llofrudd wedi lladrata bag-llaw Miss Edith ynghyd â'i phwrs arian a'r cynnwys. Neilltuwyd carfan fechan i chwilio amdano. Tybiwn i'r llofrudd ei luchio ar ôl cadw'r arian, rhag ofn iddo syrthio i ddwylo'r heddlu gydag eitemau yn ei feddiant a fuasai'n ei gysylltu ag Elm Bank ac â'r llofruddiaeth. Bu chwilio manwl hyd lannau Menai a thir diffaith y Roman Camp, y lle mwyaf anodd i'w gribo'n drylwyr. Ond ofer fu'r cyfan. Manteisiais ar yr egwyl ddistaw fore Iau i daflu golwg ar yr ymgyrch chwilota rhag ofn fod rhywbeth, neu ryw fangre, wedi eu hanghofio neu eu hesgeuluso. Ond methais â darganfod unrhyw wendid.

Gorchwyl dyddiol arall oedd porthi anghenfil newynog y cyfryngau a'r wasg. Yn yr hen amser, nid oedd cyhoeddusrwydd yn broblem o gwbl i'r heddlu; gadewid i'r wasg ddod i ben â phethau heb fawr o gymorth o law'r heddlu. Gyda datblygiad y cyfryngau torfol aeth gohebyddion y ddwy rwydwaith mor frwd ar drywydd gwybodaeth ynglŷn ag achosion difrifol nes eu bod agos â mynnu cael gwybod beth oedd yn digwydd. Mewn rhai achosion gallai'r wasg a'r cyfryngau fod o gymorth sylweddol, yn enwedig pan godai'r angen i drosglwyddo gwybodaeth i'r cyhoedd mewn gobaith o ddenu tystion. Ar y llaw arall, gallai cyhoeddusrwydd cyn ei bryd achosi problemau a chreu difrod difrifol pan fyddai angen cadw rhai ffeithiau yn ddirgel dros dro.

Yn yr achos hwn, penododd y Prif Gwnstabl yr uwch-arolygydd lleol i fod yn swyddog cyfathrebu â'r wasg a'r cyfryngau ac i gynnal cynhadledd bob bore i'w cadw'n ddistaw. Gwnaethpwyd hyn am ddau reswm: yn gyntaf, er mwyn i'r gohebwyr wybod enw'r swyddog i gysylltu ag o, ac nid â neb arall. Ac yn ail, i arbed poeni pennaeth yr ymchwiliad rhag gwastraffu'i amser wrth gadeirio'r gynhadledd foreol a chael ei ymlid yn dragywydd gan yr hebogiaid newyddion. Er hynny, roedd gorfodaeth arnaf i fwydo'r uwch-arolygydd bob bore gyda'r datblygiadau diweddaraf a'i gyfarwyddo beth i'w ddatgelu a beth i beidio.

Llwyddwyd i gadw rhag y wasg y ffaith fod gennym ŵr yn y ddalfa'n cael ei amau o gyflawni'r llofruddiaeth. Am nad oedd ganddynt ronyn o ddiddordeb mewn dyn yn cael ei gyhuddo o ladrata pâr o fenyg methodd y cŵn hela'n deg â chysylltu'r ddau achos.

Nid celu'r ffeithiau rhag y cyhoedd oedd y bwriad gennym ond o dan straen y gwaith roedd hi'n bwysig osgoi cythru diddiwedd yr helgwn pan oedd y rheini'n ymrafael o'n cwmpas am sgŵp i sgrîn a phapur. Y gwir ydoedd y gallasai rhoi cyhoeddusrwydd cyn pryd niweidio'r ymchwiliad ac yn y diwedd ddifetha holl lafur yr heddlu.

Ar wahân i berygl o'r fath, buasem yn dra bodlon i ddatgelu bod gŵr gennym yn ddiogel mewn dalfa, a thrwy hynny dawelu ofnau llawer o drigolion Bangor Uchaf.

Yn union fel y mae'r darllenydd yn awr yn taer ddisgwyl am ganlyniadau'r archwiliad yn labordy Preston, yn union felly y bu'n rhaid i minnau daer ddisgwyl nes dôi hi'n hanner dydd. A'r diwrnod hwnnw roedd pob munud fel awr.

Gyda'r Llewpard yn ei Gawell

Rwy'n amau a brofais unpeth tebyg i artaith y bore Iau hwnnw. Roedd bysedd y cloc fel petaent wedi glynu yn eu hunfan. Ymlusgo hyd at wyth o'r gloch . . . at naw . . . at ddeg. Roedd arafwch llethol yr oriau agos â'm gorchfygu. A ddôi hi fyth yn ddeuddeg o'r gloch?

Sbel ar ôl hanner awr wedi un ar ddeg daeth dau o'r swyddogion i'm hystafell, a thybiais y byddai hynny'n llacio peth ar fy nhyndra. Ond fel arall y bu. Roeddent hwythau, fel minnau, ar bigau'r drain yn awyddus i wybod pa neges a geid dros y teliffon yn y man; p'run ai newydd da a fyddai'n dileu'r holl bryderon, ai ynteu fod y cwbl o'n llafur yn ofer. Gallai ergyd felly olygu dyddiau, onid wythnosau, o ymchwilio pellach. Ac erbyn y diwedd eithaf, ni byddai'n amhosibl i'r cyfan oll brofi'n aflwyddiant chwerw.

A dyna'r pryd, am hanner dydd union, y ffoniais y labordy, gofyn am yr Adran Biocemeg, ac am gael siarad â'r Dr Alan Clift.

Roeddem yn adnabod ein gilydd yn weddol dda ac wedi cydweithio'n llwyddiannus mewn achos arall o lofruddiaeth ychydig wythnosau ynghynt. Er yr holl haeriadau brwnt a diflas a wnaed amdano ar ddechrau'r nawdegau, adnabûm ef fel Cristion ymarferol, gweithiwr penigamp a pheniog, gŵr wedi graddio yn Feistr mewn gwyddoniaeth, a'i urddo'n Ddoethur cemeg organeb byw. Gŵr gonest a didwyll, cydwybodol, dilychwin ei gymeriad na fuasai am unrhyw bris yn llygru ei gydwybod i wneud cam ag undyn. Ei unig wendid oedd ei foneddigeiddrwydd; parodd hynny iddo fethu gwrthsefyll gormes bargyfreithwyr mewn llysoedd barn, gyda'r canlyniad iddo'n ddiweddar gael ei faeddu ar gam a llwyr ddinistrio'i yrfa ddisglair, onid ei gymeriad, nes i'w iechyd ffaelu.

Atebodd Dr Clift: *'John! Your worries are over. Two of my colleagues and I have been working on the material you sent us from Elm Bank, Siliwen Road, Bangor, and the stuff belonging to your prisoner, A. P. Wynne. In the short period of two hours, we have matched SIXTY THREE fibres of wool, cotton, rayon and nylon, in ten different colours. Most of the transfers were from the multi-coloured car rug onto his clothing. His suit and socks were littered with them. There are fibres from his suit in the bedclothes and on the ripped night-dress. One of my colleagues has been working on Wynne's shoes. There are roughly six different elements from the outer wall of the house embedded in the soles and toes of his shoes. They are cement, chalk and soot, black paint from the downspout, and brown and white paint flecks off the window.*

'So far, we have merely started, and found enough evidence to hang him six times over.

'We are going to carry on working on the stuff all day, and by tonight, I am certain we shall have a bagful. I'll let you have a full report in a few days. You can safely charge him with the murder as we have here more than enough evidence to convict him, even if you do not have anything else.'

Cefais gryn drafferth i beidio â gweiddi 'Haleliwia', ond yn ostyngedig, diolchais i'r gŵr da mor ddiffuant ag y gallwn. Tra oedd yn siarad cymerais frys-nodiadau o gynnwys ei adroddiad, ac wedi rhoi'r ffôn i lawr, ysgrifennais y cyfan ar ffurflen galwadau ffôn swyddogol yr heddlu.

Y peth cyntaf i'w wneud oedd galw'r praidd yn ôl i'r gorlan. Rhoddwyd neges ar y radio fod yr ymchwiliad ar ben, a gofyn i bob swyddog a gymerodd ran ddychwelyd i'r ganolfan erbyn dau o'r gloch. Fy mwriad oedd cael yr holl griw gyda'i gilydd cyn iddynt wasgaru i'w gorsafoedd, a diolch iddynt am eu hymdrechion diflino o'r cychwyn cyntaf.

Gofynnais i'r Cudd-ringyll Glyn Roberts gyrchu Wynne o'r gell. Gwelais ar unwaith newid dirfawr yn ei ymddygiad. Roedd deuddydd o ddistawrwydd iddo ystyried ei sefyllfa yn ddi-os wedi effeithio arno. Roedd yr hunanhyder a'r bombast wedi llwyr ddiflannu, ac yn lle'r cnaf a oedd gynt yn barod i herio pawb, safai dihiryn ysig gydag euogrwydd yn serio'i gydwybod.

Wedi'r cyfweliad cofnodais y ddeialog a fu rhyngom fel a ganlyn:

'Arthur Philip Wynne, dydyn ni'n dau ddim wedi siarad â'n gilydd o'r blaen. Ond mae'n debyg eich bod yn gwybod ar ôl y llys y dydd o'r blaen mai John Hughes yw fy enw, ac fel pennaeth y C.I.D. yn Heddlu Gwynedd, fi sydd yn gyfrifol am yr ymchwiliad i lofruddiaeth Miss Edith Ellen Williams yn Elm Bank, Ffordd Siliwen, Bangor, rywdro rhwng chwarter wedi pump nos Wener y 7fed o Ebrill a deng munud i dri brynhawn Sul y 9fed o Ebrill y flwyddyn hon.

'Rydw i rŵan yn mynd i siarad efo chi ynglŷn â llofruddiaeth Miss Williams. Ond cyn dechrau, mae'n orfodol arna i eich rhybuddio chi nad ydi'n rhaid i chi ddeud dim os nad ydach chi'n dymuno, ac y bydd beth bynnag a ddywedwch chi yn cael ei gymryd i lawr gan y Ditectif Sarjiant Roberts (gan bwyntio at Glyn Roberts oedd yn eistedd wrth fy ochr) ac fe all gael ei ddefnyddio mewn tystiolaeth.

'Rwy'n deall eich bod wedi cael eich holi ynglŷn â marwolaeth Miss Williams, Elm Bank, a'ch bod yn gwadu nad oes a wnelo chi ddim â'r digwyddiad. Ydi hynny'n iawn?'

'Ydi, bob gair. Dwn i affliw o ddim am y peth. Ac os ydach chitha'n meddwl mai fi a'i lladdodd hi, rydach chitha mor wirion â'r lleill.'

'Rydw i'n deall eich bod yn adnabod Miss Williams.'

'Ydw, rydw i'n adnabod y ddwy chwaer.'

'Rydw i'n gwybod hefyd eich bod chi wedi bod yn Elm Bank lawer gwaith yn torri coed tân, chwynnu'r ardd a thwtio o gylch y tŷ.'

'Do.'

'Fuoch chi yn Elm Bank rhwng dydd Gwener a dydd Sul dwytha?'

'Dim o gwbwl. 'Fûm i ddim yn agos i'r lle ar ôl dŵad allan o Walton tua mis yn ôl.'

'Fuoch chi yn yfed mewn tafarn ym Mangor Uchaf nos Wener?'

'Naddo, dim ond mewn pybs i lawr y dre.'

'Mae un o'ch ffrindia yn dweud wrthym iddo dalu am beint i chi mewn tafarn ym Mangor Uchaf tua naw o'r gloch nos Wener, a dydi'r fan honno ond rhyw ddau can llath go lew o Elm Bank.'

'Pwy bynnag ydi o, mae o'n deud clwydda. 'Fûm i ddim yn agos i Fangor Ucha nos Wener. Mi ddois efo bws o Landudno i'r dre ym Mangor. Mi fûm mewn pedwar ne' bum pyb. Ar ôl amsar cau, mi es i siop *chips*

Joe Valla yng ngwaelod y dre am fag o *chips*. Roedd hi'n rhy hwyr am fws, so dyma fi'n dechra i hitsio hi am Llandudno. Mi gerddais at y lôn yn mynd i mewn i Maesgerchan, a mi gefais lifft i Llanfairfechan. Mi gerddais wedyn yr holl ffordd i Llandudno. Roedd hi tua hanner awr wedi dau arna i'n mynd i fy ngwely.'

'Fuoch chi erioed yn yr ystafell ffrynt yn Elm Bank?'

'Naddo, rioed yn fy mywyd. Dydach chi ddim yn torri pricia tân yn rŵm ffrynt neb yn nag ydach, nac yn chwynnu'r ardd yn y rŵm ora yn y tŷ?'

'Fuoch chi erioed yn cael cysgu gan Miss Williams ar y soffa yn yr ystafell ffrynt?'

'Rydw i newydd ddeud wrtha chi, 'fûm i erioed yn y rŵm ffrynt, *let alone* gysgu ynddi hi.'

'Rydach chi'n gwybod am *layout* y tŷ yn dda.'

'Ydw, yn go lew.'

'Heb fynd i mewn drwy'r drws ffrynt na drws y cefn, wyddoch chi am ffordd arall i fynd i'r tŷ heb dorri ffenest?'

' 'Does na ddim ffordd arall.'

'Fuo'n rhaid i chi fynd i mewn i'r tŷ erioed drwy ffenest y gegin lle'r oedd Miss Williams yn byw?'

Sylweddolodd ar unwaith fy mod i'n awr yn dod yn agos at yr asgwrn a bod hwn yn gwestiwn cymhleth a pheryglus. Edrychai arnaf fel petai'n methu â dirnad ar unwaith beth oedd y tu ôl iddo. Wedi oedi am rai eiliadau, meddai:

'Fedar neb fynd i mewn drwy honno gan ei bod hi yn rhy uchel o lawr yr ardd.'

'Gofyn wnes i a aethoch chi, Arthur Wynne, erioed i mewn i'r tŷ drwy'r ffenest honno? A pheidiwch, da chi, â wafflo, a cheisio arbed ateb fy nghwestiynau gydag

71

atebion niwlog ac amherthnasol er mwyn osgoi yr ateb iawn. Do neu naddo?'

'Naddo erioed.'

'Wyddoch chi fod cats y ffenest honno wedi torri, a'i bod yn bosibl agor y ffenest dim ond dringo i ben y cwt glo a defnyddio ychydig o nerth?'

'Wyddwn i ddim fod y cats wedi torri. 'Fu erioed angen imi edrych yn fanwl ar y ffenest o'r tu fewn.'

'Pan ddaethoch chi allan o'r carchar fis yn ôl, wyddech chi fod Miss Annie wedi marw?'

'Doeddwn i ddim yn gwybod nes i chi ddeud wrtha i rŵan.'

'Oeddach chi'n gwybod fod Miss Edith wedi symud ei gwely o'r llofft i'r gegin, a dod i lawr i gysgu yn y fan honno?'

Oedodd eto am rai eiliadau cyn ateb. Roedd fel pe bai un ai yn ceisio dyfalu beth oedd y tu ôl i'r cwestiwn, neu o bosibl yn ystyried petai hi heb symud ei gwely i'r gegin, yna buasai'r hen wraig yn fyw ac yntau heb fod yn y picil yr oedd ynddo. Yn y man, atebodd:

'Na, doeddwn i ddim yn gwybod.'

Roedd ei lythyr o'r carchar gennyf ynghudd mewn ffeil ar y bwrdd. Yn fwriadol bwyllog, agorais y ffeil i ddatguddio'r llythyr. Gosodais y papur o'i flaen a gofynnais: 'Ai chi ysgrifennodd hwn?'

Edrychodd yn hir arno fel pe bai yn ei ddarllen drosodd a throsodd a thybiwn fod ei ymennydd yn llamu wrth geisio dirnad pwysigrwydd y llythyr. Yna atebodd:

'Mae'n amlwg on'd ydi, mai fy llythyr i ydi o.'

Teimlais rywfodd fod gweld y llythyr wedi cynhyrfu cryn dipyn arno, ac yn dolc enfawr i'w hunanhyder. Nid ffŵl mohono o bell ffordd (fel y ceir gweld yn nes ymlaen) ond llwynog cyfrwys yn synhwyro bod y cŵn hela ar ei warthaf, a'r rheini'n nesáu fesul munud. Roedd wedi bod yng ngharchar droeon, yn academi lladron a llofruddion, ac wedi dysgu cryn dipyn wrth glywed ei gyd-garcharorion yn trafod llwybrau dihangfa o afael yr heddlu a'r llysoedd. Bwriais gwestiwn arall ato:

'A ydych chi'n sylweddoli arwyddocâd y llythyr — ei fod o'n eich cysylltu chi ag Elm Bank ac â Miss Williams yn bersonol?'

'Dydi o'n deud dim mwy na be'r ydw i wedi ei ddeud wrtha chi yn barod.'

Eithaf teg o bosibl. Ond eto i gyd, cefais yr argraff ei fod yn sylweddoli bod hwn yn rhywbeth ar bapur o'i law ei hun ac yn ei gysylltu'n ddiymwad â'r tŷ yn ogystal ag â'r ymadawedig. Roedd hyn wedi agor hollt fechan yn ei arfwisg.

Fel y gŵyr sawl actor neu holwr sy'n ymladd ymryson eiriol, mae amseriad yn holl bwysig ac yn aml iawn yn hanfodol i ddewis yr union amser i ollwng y saeth o'r bwa cyn anfon yr ergyd adre. Ac yntau yn dechrau dangos llai o hunanhyder ac yn gwanio, dyma'r union ennyd, meddwn wrthyf f'hun, i roi neges ffôn Dr Clift o'i flaen.

Eglurais fod ei ddillad a'i eiddo bellach ddau can milltir i ffwrdd yn Preston, ynghyd ag eiddo Miss Edith — ei choban nos a dillad ei gwely, gan gyfeirio'n arbennig at y cwrlid y cysgodd odano. Yna, agorais y ffeil eilwaith i dynnu allan y ffurflen ffôn swyddogol ac arni'r neges o'r labordy. Rhoddais y papur o'i flaen gan ddweud: 'Fel y gwelwch ar ben y ffurflen, daeth y neges o labordy fforensig y Swyddfa Gartref yn Preston lai nag awr yn ôl. Wnewch chi ddarllen y cynnwys yn ofalus? Ac os hoffwch chi ymateb mewn unrhyw fodd, fel y dywedais eisoes, mae Sarjiant Roberts yn barod i'w gymryd i lawr.'

Os parodd y llythyr at Miss Edith sioc i'w gyfansoddiad, cafodd neges Dr Clift effaith andwyol arno. Parlyswyd ei wyneb a diflannodd ei hyder yn gyfan gwbl. Ni welais i erioed neb yn gweddnewid mor gyflym. Newidiodd o fod yn gnaf ystyfnig a lwyddodd i ddal ei dir am agos i dridiau yn wyneb holi miniog nifer o gudd-swyddogion profiadol, i fod yn llipryn crynedig ac euog.

Disgynnodd distawrwydd llethol ar yr ystafell. Ni allwn beidio â sylwi ar y cryndodau ar ei wddf fel y llyncai ei boer yn ddi-baid. Ffurfiai defnynnau bychain o chwys ar ei dalcen ac o dan ei drwyn a sylwais fod nerfau'n ei drethu fel y ceisiai sychu'i dalcen. Cofiais ddysgu unwaith fod distawrwydd yn llawer mwy effeithiol na gofyn cwestiynau ar achlysur fel hyn. Felly, cedwais yn gwbl dawel.

Wedi hir-ymaros (o bosibl nad oedd ond rhai eiliadau, ond eto ymddangosai'n llawer mwy) cododd ei olwg oddi ar y ffurflen a gofyn:

'Ydach chi yn mynd i 'nghyhuddo fi o'i repio hi?'

'Nac ydwyf. Am fod y patholegydd yn dweud ei bod hi yn wyryf — *virgin* — ac nad oedd yna unrhyw arwydd ei bod wedi ei threisio.'

'Does gen i ddim eisio i neb ddweud fy mod wedi ei repio hi, a hitha'n hen wraig dros ei hwyth deg.'

'Does yna ddim peryg o hynny o gwbl am nad oes yna dystiolaeth bod hynny wedi digwydd.'

'OK ta. Mi ddweda i wrthych chi be ddigwyddodd.'

'Ond arhoswch funud,' meddwn wrtho. 'Ai trio

bargeinio ydych chi? Hynny ydi, eich bod yn fodlon i wneud cyfaddefiad, ond i mi addo na chewch eich cyhuddo o dreisio'r hen wraig? 'Alla i ddim bargeinio efo chi. Tawn i yn gwneud, mi fuasa'ch cyfaddefiad yn annerbyniol mewn llys barn. Mi ddweda i wrthych chi eto nad oes yna unrhyw dystiolaeth ei bod hi wedi'i threisio. Ond mae yna arwyddion eich bod wedi camymddwyn yn rhywiol efo hi. Eto, hyd y gwela i ar y funud, ddaw yna ddim cyhuddiad yn eich erbyn chi am wneud hynny. Gwnewch chi ddatganiad os mynnwch chi, ond 'fydd eich cyfaddefiad chi ddim mewn unrhyw ffordd yn amodol ar unpeth. A dydi gwneud bargen ddim yn dod i mewn o gwbl.'

'*Fair enough!*' atebodd. 'Dwi'n deall be ydach chi'n feddwl. Ond mae'n iawn i minna gael fy reits a gwybod ble rydw i'n sefyll.'

'Os ydych chi am wneud cyfaddefiad mi fyddai'n well i ni ei sgrifennu i lawr ar ddogfen datganiad. Rhag ofn, pan ddaw hi'n amser tystiolaethu yn y llys, i rywun honni ein bod ni wedi newid geiriau neu frawddegau, a chynnwys pethau anghywir yn y datganiad.'

Cytunodd i wneud datganiad ysgrifenedig, ac yn unol â'r gofynion cyfreithiol, ysgrifennodd Glyn Roberts fel a ganlyn:

Yr wyf fi, Arthur Philip Wynne, yn dymuno gwneud datganiad, a hoffwn i'r Cudd-ringyll Glyn Roberts ei gofnodi:

Rwyf wedi cael fy rhybuddio nad yw yn rhaid i mi ddweud dim os nad wyf yn dymuno ond y bydd yr hyn a ddywedaf yn cael ei ysgrifennu i lawr ac fe all gael ei ddefnyddio mewn tystiolaeth.

Gofynnwyd iddo arwyddo'r rhagair, ac fe wnaeth hynny cyn dechrau ar ei stori. A dyma hi:

'Mi euthum i mewn drwy ffenest y gegin gefn ac i'r ystafell, a dyma hen wraig yn codi o'i gwely oedd yng nghornel y gegin.

'Dyma hi yn dechrau sgrechian dros bob man, a mi gwthiais hi'n ôl ar y gwely.

'Roedd ofn arna i, 'achos doeddwn i ddim yn disgwyl cyfarfod neb yn yr ystafelloedd isaf ar y llawr.

'Mi ddeffrois am saith y bore, a minna'n dal yn y tŷ.

'Euthum i'r ystafell gefn i edrych oedd yr hen wraig yn olreit. Roedd hi'n dal yn fyw pan adewais y tŷ.

'Wnes i ddim ceisio'i threisio hi na gwneud unpeth rhywiol â hi, ond yn bendant mi wnes ymddwyn yn anweddus â mi fy hun yn yr ystafell.

'Roeddwn wedi yfed peth wmbreth o gwrw, a fedra i ddim cofio popeth ddigwyddodd.

'Roedd yn olau dydd pan euthum i'w hystafell wely am saith o'r gloch, a gwelais yr adeg honno mai Miss Williams oedd hi. Roedd hi'n cysgu ac yn chwyrnu'n ysgafn fel bydd merched yn gwneud.

'Mi adewais y tŷ i ddal y bws bump neu ddeg munud i wyth am Llandudno wrth y cloc. Roedd yna blismon ar diwti o flaen y banc wrth y cloc. Mi gerddais i'r dref drwy'r Roman Camp, a phrynais bapur newydd yn y siop ar draws y ffordd i siop *chips* Joe Valla.

'Dyna'r cwbwl ydw i eisio'i ddweud.'

Gwrandewais yn astud ar ei ddatganiad, a buan y sylweddolais — yn arwynebol beth bynnag — nad oedd yr hyn a ddywedodd yn gyfaddefiad o lofruddio. Ond, yn hytrach, iddo honni fod Miss Edith yn fyw ac yn

76

cysgu'n braf pan adawodd Elm Bank. Beth, meddwn wrthyf fy hun, yw gwerth yr hyn y mae wedi'i ddweud? Mae'n cyfaddef torri i mewn i'r tŷ. Mae'n cyfaddef iddo wynebu hen wraig ofnus oedd yn sgrechian, ac iddo'i gwthio yn ôl ar y gwely. Mae'n cyfaddef ymddwyn yn anweddus yn yr ystafell, hefyd iddo gysgu yn y tŷ hyd y bore.

O fod yn gwybod yr holl ffeithiau, hawdd oedd gweld ei fod yn ddigon cyfrwys i adael allan yr hyn oedd yn ddamniol iddo. Naturiol, felly, fuasai casglu na allai fod wedi gadael ei olion gwrywaidd ar ei chorff ar ôl rhwygo'i choban pe na bai ond wedi'i gwthio ar y gwely. Ond teg fyddai rhesymu na fuasai wedi mentro cysgu yn yr ystafell ffrynt, a hithau'n fyw ac yn gallu gweiddi am gymorth neu alw'r heddlu. Onid oedd hefyd wedi sicrhau na fedrai hi alw am gymorth trwy ddifrodi'r ffôn?

Rhag ofn i'w fargyfreithiwr fy nghyhuddo o fod yn ormesol, a'm bod yn ceisio'i gael i ddweud rhywbeth nad oedd yn fodlon ei ddweud, penderfynais gadw'n ddistaw.

Wedi iddo dewi aeth y cudd-ringyll â'r ddogfen ato a gofyn iddo ddarllen yr hyn a ysgrifennodd. Wedi iddo ddarllen ei ddatganiad yn unol â Rheolau'r Barnwyr gofynnwyd iddo:

'Ydych chi wedi darllen popeth sydd yn eich datganiad?'

'Do,' atebodd yntau.

'Oes yna unpeth y dymunwch i mi ei groesi allan neu ei newid mewn unrhyw fodd ac oes yna rywbeth ychwanegol yr hoffech ei ddweud?'

'Nac oes.'

'Felly, wnewch chi arwyddo'r datganiad?' Ac fe wnaeth hynny.

Gofynnwyd iddo ysgrifennu'n ychwanegol: 'Yr wyf fi, Arthur Philip Wynne, wedi gwneud y datganiad uchod o'm gwirfodd. Gofynnwyd imi a fynnwn i unpeth gael ei groesi allan neu ei ychwanegu. Mae'r datganiad yn gywir.' Arwyddodd yr atodiad.

Yn unol â'r rheolau, roedd gennyf yr hawl i'w holi wedi iddo wneud datganiad er mwyn ceisio adfer eiddo Miss Edith yn unig.

'Rydach chi newydd ddweud i chi ddod i Fangor i chwilio am waith,' meddwn wrtho.

'Mae hynny'n wir.'

'Am nad oedd gennych arian yn eich poced?'

'Ie.'

'Meddech chi: wedi talu am ddod ar y bws o Landudno, doedd gennych yr un ddime ar ôl.'

'Nac oedd.'

'Ac mi gawsoch gwrw a bwyd tafarn gan ffrindiau?'

'Do.'

'Wedi ichi adael Elm Bank, roedd gynnoch chi ddigon o arian i brynu papur newydd, a thalu ffêr y bws yn ôl i Landudno. Yn ôl yr heddlu a ddaeth â chi yma o Landudno, mae gynnoch chi bedair punt ac wyth a chwech yn eich meddiant. O ble daeth yr arian yna?'

Distawrwydd llethol a dim ateb.

'Mae'n ddyletswydd arna i geisio dod o hyd i handbag Miss Edith, a'i phwrs a'i harian. Beth wnaethoch chi efo nhw?'

Dim ateb.

'Ai menyg Miss Edith oedd y pâr ddaru chi stwffio y tu ôl i sêt y car ar y ffordd yma o Landudno?'

'Chefais i ddim cyfle i guddio dim. Roedd 'na blismon

yn eistedd wrth fy ochr. Dwn i ddim byd am bâr o fenyg.'

'Rydach chi wedi deud eisoes mai menyg wedi eu prynu yn Woolworth ydyn nhw. Ydach chi rŵan yn newid eich stori?'

Dim ateb nac adwaith o gwbl.

'Wnewch chi fy helpu drwy ddweud i ble y lluchiwyd y bag a'i gynnwys, petai ond i arbed amser i chwilio amdano? Fe wyddoch fod yna aceri lawer o lwyni eithin yn y Roman Camp ac os mai yn y fan honno y lluchiwyd y bag ar eich ffordd yn ôl i'r dre, dwedwch wrtha i rhag wastio amser.'

Distawrwydd llethol. Roedd yn awr yn dyfalu mai holi ar fy nghyfer yr oeddwn i ac na allwn brofi'i fod wedi lladrata'r bag-llaw. Roedd yn ddigon cyfrwys i wybod y buasai cyfaddef yn hoelen yn ei arch cyn belled ag yr oedd y llofruddiaeth yn y cwestiwn. Er mai mater digon pitw oedd diflaniad y bag, roedd yn ddigon hirben a phenderfynol i beidio â chyfaddef unpeth na allwn ei brofi heb dystiolaeth gadarn yn y llys.

Penderfynais mai ofer oedd oedi ymhellach, ac meddwn wrtho:

'Gwrandewch yn astud ar hyn:

Arthur Philip Wynne, rydw i'n awr yn eich cyhuddo chi o lofruddio Miss Edith Ellen Williams, Elm Bank, Ffordd Siliwen, Bangor Uchaf, Sir Gaernarfon, rhwng chwarter wedi pump nos Wener, y seithfed o Ebrill, a deng munud i dri brynhawn Sul, y nawfed o Ebrill, y flwyddyn hon, — trosedd yn groes i'r Gyfraith Gyffredin, y Frenhines, ei choron a'i hurddas. Nid yw yn rhaid i chi ddweud dim os nad ydych yn dymuno, ond bydd beth bynnag a ddywedwch yn cael ei gymryd i lawr mewn ysgrifen ac yn cael ei ddefnyddio mewn tystiolaeth.'

Edrychodd yn ddwys a difrifol arnaf ond nid ynganodd yr un gair — dim ond bod ei lygaid fel petai'n cyfleu, 'Wel, dyna ben y daith.'

Wedi ei ddanfon yn ôl i'r gell cysylltais â'm Prif Gwnstabl yn y pencadlys yng Nghaernarfon i fynegi'r datblygiadau diweddaraf wrtho. Soniais fy mod wedi galw pawb a fu'n cydweithio â mi yn yr ymchwiliad i'r ganolfan am ddau o'r gloch i ddiolch iddynt, a theimlai mai doeth fuasai iddo yntau ddod yno i ddatgan ei ddiolchgarwch. Ac felly y bu.

Yn y cyfamser llwyddais i berswadio Wynne y byddai'n well iddo gyflogi cyfreithiwr i weithredu ar ei ran er ei wrthwynebiad cynharach, gan egluro y byddai'n rhaid iddo gael bargyfreithiwr i'w amddiffyn yn yr uchel lys. Maes o law cytunodd a threfnwyd i gyfreithiwr lleol ddod i ymgynghori ag o.

Wedi i'r Prif Gwnstabl ddiolch i bawb am eu cefnogaeth ymadawodd y rhan fwyaf o'r swyddogion i'w cartrefi a chefais drafodaeth gyda'r prif swyddog ynglŷn ag agweddau cyfreithiol yr achos. Tybiai fod popeth wedi ei wneud yn unol â gofynion y gyfraith ond mynegodd ei amheuon ynglŷn â chadernid y cyfaddefiad. Yn y datganiad, gwelai fwlch dihangfa i fargyfreithiwr cywrain.

Ni allwn gytuno ag ef. Onid oedd y gwyddonwyr wedi mynnu fod digon o dystiolaeth ar gael i grogi'r troseddwr chwe gwaith? Credwn y byddai eu tystiolaeth hwy yn unig yn ei ddedfrydu'n euog. A phe mynnid bod datganiad Wynne yn gamarweiniol, erbyn y diwedd byddai'n bur debygol o gadarnhau'r canfyddiadau a ddaeth i'r amlwg yn arbrofion gwŷr y labordy fforensig.

Tybiwn fod yr holl ffeithiau yn eu cyfanrwydd yn pwyntio tua'r un pegwn, sef ei fod wedi torri i'r tŷ gyda'r bwriad o ladrata; ei fod wedi dod wyneb yn wyneb â'r hen wraig, ac iddi ei adnabod; gorfu iddo ei lladd i arbed iddi achwyn amdano wrth yr heddlu; wedi iddo'i lladd drwy ei mygu gyda'r clustogau, fe rwygodd ei choban nos a dinoethi'r corff marw i'w ddibenion rhywiol — gadawodd dystiolaeth eglur o hyn ar ei chorff; yn ymwybodol ei bod yn farw, heb neb arall yn y tŷ, gwelodd ei fod yn berffaith ddiogel yno ar ei ben ei hun a chysgodd yno tan y bore.

Golygydd yr holl ffeithiau ar ddiwedd y dydd fyddai Cyfarwyddwr yr Erlyniadau Cyhoeddus. Yn unol â Rheolau Erlyn Troseddau, roedd gorfodaeth ar bob Prif Gwnstabl i gyflwyno ffeithiau achosion o lofruddiaeth i'r Cyfarwyddwr. Ym mhob achos, mynnai'r gŵr pwysig hwnnw gael tri chopi o adroddiad pennaeth yr ymchwiliad, mewn ffurf agored gyda gofod triphlyg rhwng pob llinell, ynghyd â thri chopi o ddatganiad pob tyst, rhestr driphlyg o'r eitemau perthnasol i'r dystiolaeth i'w harddangos yn y llys yn ogystal â thri chopi o bob darlun perthnasol i'r achos.

Yn y swyddfa yn Llundain cawsai'r cyfan eu hadolygu gan un o fargyfreithwyr y Cyfarwyddwr. Gallai hwnnw gasglu fod digon o dystiolaeth mewn llaw i osod y cyhuddedig o flaen llys yr ynadon. Gallent hwythau wedyn benderfynu un ai anfon y carcharor i sefyll ei brawf o flaen Barnwr a rheithgor neu ynteu daflu'r achos allan. Ar y llaw arall, gallai'r bargyfreithiwr yn Buckingham Gate bennu fod gwendidau yn yr achos ac y dylid cryfhau'r rheini nes cau llwybrau dihangfa'r carcharor. Gwneid hynny trwy ragor o ymholiadau ac, mewn rhai achosion, gellid galw ar bennaeth yr ymchwiliad i'r swyddfa yn Llundain i drafod holl agweddau'r achos mewn cynhadledd gyda chyfreithwyr a bargyfreithwyr y Goron. Mewn achosion eraill, gallai'r Cyfarwyddwr benderfynu nad oedd y dystiolaeth yn ddigonol i ddod ag achos yn erbyn y sawl a amheuid. Bryd hynny, trefnid rhag blaen i'w ollwng yn rhydd; dygid y carcharor o flaen y llys, ei hysbysu nad oedd y Goron am gynnig tystiolaeth yn ei erbyn, a gofyn i'r Ustusiaid ei ryddhau. Mewn enghraifft gyda throseddwr oedd heb ei arestio, eglurid yr un modd wrtho yntau na fwriadai'r Cyfarwyddwr ei erlyn.

Yn achos Wynne, gofynnais i'r Arolygydd lleol drefnu llys arbennig am ddeg fore trannoeth i gyhuddo'r carcharor yn swyddogol o flaen yr Ustusiaid er mwyn cychwyn ar y broses gyfreithiol yn unol â'r ddeddf.

Yn y cyfamser, bu chwilio dyfal am fag-llaw Miss Edith yn y Roman Camp, rhai aceri o dir agored yn llawn llwyni eithin uchel. Ofer fu'r oriau o chwilio a methwyd hefyd â chysylltu'r menyg a guddiwyd gan Wynne â'r rhai yr arferai Miss Edith eu cario bron bob amser yn ei bag.

Am ddeg fore Gwener y 14eg o Ebrill galwyd Wynne o flaen dau Ustus Heddwch yn llys yr ynadon, gyda chyfreithiwr lleol yn ymddangos ar ei ran. Cyfarchodd Clerc y Llys ef gan ddweud:

'Arthur Philip Wynne, y cyhuddiad yn eich erbyn yw y bu i chi lofruddio Edith Ellen Williams ym Mangor, Sir Gaernarfon, rywdro rhwng y 7fed o Ebrill a'r 9fed o Ebrill 1967, yn groes i'r Gyfraith Gyffredin.' Yna gofynnodd i mi annerch y llys.

Tystiais imi arestio Wynne am un o'r gloch y diwrnod

cynt a'i gyhuddo o lofruddio Miss Edith. Dywedais ei fod wedi gwneud datganiad ynglŷn â'r achos ond na fwriadwn ei ddarllen yr adeg honno am nad oedd yr heddlu wedi llawn orffen ymchwilio i'r achos am fod y cyhuddiad yn un tra difrifol, ac am fod Wynne yn berson ansefydlog ei gyfeiriad. Yn unol â'r ddeddf fod yn rhaid trosglwyddo'r holl ffeithiau i ddwylo Cyfarwyddwr Erlyniadau Cyhoeddus, gofynnais iddynt ei draddodi i garchar am wyth niwrnod.

Mewn ateb i hynny, cododd y cyfreithiwr i ddweud nad oedd yn gwrthwynebu'r cais. Ymgynghorodd y ddau ustus â'r clerc am rai eiliadau, ac yna mynegodd y cadeirydd eu bod yn caniatáu'r cais.

Yn dilyn, tystiais fod y cyhuddedig wedi ymddangos gerbron y llys ddeuddydd ynghynt, yn cael ei amau o ladrata pâr o fenyg merch, a'i fod wedi'i gadw yn nwylo'r heddlu am dridiau. Yn wyneb mater llawer mwy difrifol, eglurais na fwriadwn fwrw ymlaen â'r cyhuddiad hwnnw. Felly, am nad oeddwn am gynnig unrhyw dystiolaeth, gofynnais iddynt ei ddedfrydu'n ddieuog, a chytunwyd ar hynny.

Yn ddiweddarach, hebryngwyd Wynne i garchar Walton yn Lerpwl.

Ymhen ychydig ddyddiau daeth adroddiad llawn y gwyddonwyr i law. Roedd yn amlwg fod gweithwyr staff y labordy, yn ôl eu harfer, wedi llafurio'n hir a manwl ar y defnyddiau a gyflwynwyd iddynt. Ar ôl darganfod dros gant o wahanol ffeibrau ac elfennau eraill yn cysylltu Wynne â Miss Edith, ei choban, dillad ei gwely ac â'r cartref yn gyffredinol, roeddent wedi mynd i drafferth enfawr i arddangos y cyfan yn ddethol ar gardiau. Roedd y casgliad wedi'i baratoi mewn dull mor broffesiynol fel y gallai lleygwr ddeall eu harwyddocâd yn eithaf hawdd.

Ar derfyn eu hadroddiad roeddent yn mynnu bod yr holl dystiolaeth yn un na ellid ei gwrthbrofi: bod esgidiau Wynne wedi bod mewn cysylltiad â mur y tŷ; bod ei ddillad wedi bod mewn cyswllt â choban ac â dillad gwely Miss Edith; a'u bod yn tybio iddo wisgo'r blanced amryliw drosto gan fod ffeibrau o chwe gwahanol liw yn drwch ar ei siaced, ei drowsus a'i hosanau.

Cymerodd rai dyddiau imi grynhoi'r holl dystiolaeth. Roeddwn wedi'i pharatoi gyda'r fath ofal fel y gallai Sais yng nghanol Llundain ddirnad y cyfan oll. Wedi'r ffasiwn lafur, roedd hi'n hanfodol bwysig nad oedd yn fy nhystiolaeth agen na bwlch o unrhyw fath. Petai bargyfreithiwr peniog yn canfod yr awgrym lleiaf o wendid gallasai craffter hwnnw lwyddo i'm profi'n brin yn y glorian, ac ni byddai wedyn fawr o dro'n perswadio'r rheithgor i daflu'r achos allan. O ganlyniad, byddai Wynne yn cael cerdded o'r llys yn ddyn rhydd gan godi deufys arnaf.

Cyflwynais fy ffeil drwchus i'r Prif Gwnstabl, gŵr oedd yn meddu ar radd Ll.B. Golygodd yntau'r cyfan yn dra manwl a chytunodd i'w hanfon ymlaen i Swyddfa'r Cyfarwyddwr.

Fel y mynnai pethau fod, bargyfreithiwr o Gymro o ardal Llandudno, yn Adran Orllewinol swyddfa'r Cyfarwyddwr, a ddewiswyd i ystyried yr achos. Ymhen rhai dyddiau cefais neges ffôn oddi wrtho yn dweud ei fod yn fodlon ar y gwaith. Gofynnodd imi drefnu llys arbennig iddo gyflwyno'r holl ffeithiau gerbron yr ynadon er mwyn trosglwyddo'r achos i'r Uchel Lys o flaen Barnwr y Goron a rheithgor.

Yn y dyddiau hynny roedd gorfodaeth ar glerc llys yr ynadon i ysgrifennu'r holl dystiolaeth ar lw, air am air. Yna darllen y cyfan wrth y tyst, ac yntau'n ei harwyddo — gorchwyl hirfaith a phur ddiflas.

Maes o law cyflwynodd y bargyfreithiwr Cymreig o Lundain y ffeithiau i lys ynadon Bangor a bwriwyd yr achos ymlaen i Frawdlys dilynol y Sir yng Nghaernarfon ganol Mehefin. Yn y cyfamser cadwyd Wynne yng ngharchar i aros ei dynged.

I'w amddiffyn yn yr Uchel Lys roedd cyfreithiwr Wynne wedi dewis Mr Emlyn Hooson, QC, yr Arglwydd Hooson yn ddiweddarach. Ar yr 21ain o Fehefin eisteddai'r Barnwr Ashworth ym Mrawdlys Caernarfon. Galwodd Mr John Morgan, Clerc y Llys, enw'r carcharor a dygwyd Wynne o'r celloedd islaw gyda dau swyddog o garchar Walton o bobtu iddo, i sefyll yn y doc o flaen llys gorlawn.

'Ai chwi yw Arthur Philip Wynne?' gofynnodd y Clerc.

'Ie, syr,' atebodd yntau.

'Arthur Philip Wynne, y cyhuddiad yn eich erbyn yw i chwi lofruddio un Edith Ellen Wiliams yn Sir Gaernarfon rhwng y 7fed a'r 9fed o Ebrill y flwyddyn hon, yn groes i'r Gyfraith Gyffredin. Ym mha fodd y dywedwch, euog ai dieuog?'

'Euog, syr,' atebodd y carcharor, er mawr syndod i bawb.

Cododd Mr Hooson ar ei draed, a chyfarchodd y Barnwr:

'F'Arglwydd, rwyf wedi ystyried y dystiolaeth, fel

chwithau, yn fanwl iawn. A bu'n rhaid imi ddod i'r penderfyniad nad oedd gennyf ddewis oddigerth pledio'n euog yn wyneb y dystiolaeth anatebadwy yn erbyn y cyhuddedig.'

'Rwyf wedi cael cyfle i ystyried y dystiolaeth yn y datganiadau o'r llys traddodi ac rwy'n hollol gyd-fynd â'ch penderfyniad,' oedd ymateb y Barnwr.

Yn dilyn, rhoddodd Cwnsler y Goron grynodeb o'r ffeithiau gerbron y llys, gan ychwanegu nad oedd unrhyw ddiben iddo fanylu o dan yr amgylchiadau.

Cododd Mr Hooson unwaith eto gan gyfarch y Barnwr:

'F'Arglwydd, mae hanes blaenorol y carcharor gennych chwi, fel y mae gennyf innau. Am nad oes ond un gosb i drosedd fel hon, ni allaf weld dim diben eu cyflwyno ger eich bron. Mae gennych, fel finnau, f'Arglwydd, dri adroddiad seicolegwyr ar gyflwr meddyliol y cyhuddedig. Nid oes unpeth ynddyn nhw i awgrymu y gallwn ddadlau fod ei gyflwr meddwl yn israddol. Petai felly, byddai'n rhoi lle i mi ei ystyried fel un sydd â'i gyfrifoldeb cyfreithiol yn llai nag eraill.'

Nodiodd y Barnwr ei ben fel arwydd ei fod yn cytuno. Safodd y Clerc eilwaith, ac meddai:

'Arthur Philip Wynne, rydych wedi pledio yn euog i lofruddiaeth. A fynnwch ddweud unrhyw beth cyn i'r Barnwr gyhoeddi'i ddyfarniad?'

'Na. Does gen i ddim i'w ddweud,' atebodd Wynne.

'Arthur Philip Wynne,' meddai'r Barnwr. 'Rydych wedi pledio'n euog i lofruddiaeth hen wraig wyth deg a phedair mlwydd oed, ac rwy'n cytuno'n hollol â Mr Hooson nad oedd ganddo ddewis arall.

'Mae erchylltra'ch gweithred yn amlwg yn y ffeithiau

sydd wedi eu datgelu gan ymchwiliad yr heddlu. A chan nad oes ond un ddedfryd i drosedd o'r fath, ofer fyddai i mi ymhelaethu.

'Yn unol â chyfraith Prydain Fawr, rwyf yn eich dedfrydu i garchar am oes.'

Cododd y Clerc drachefn a dweud wrth swyddogion y carchar:

'Ewch ag ef i lawr.'

Ac arweiniwyd Wynne i'r celloedd islaw.

Roedd achos llofruddio Miss Edith Ellen Williams drosodd. Ond nid felly fy ngwaith ymchwil i.

Hen Wraig o'r Felinheli

Yn ystod yr ymchwiliad digwyddais siarad â hen blismon oedd wedi ymddeol. Soniodd wrthyf am ddigwyddiad yn y Felinheli, nid nepell o Fangor, rai blynyddoedd ynghynt pan oedd yn blismon yn yr ardal.

Cafodd ei alw i dŷ yn y Felinheli, ac yno canfu wraig oedrannus yn farw yn ei gwely. Ar ôl iddi golli'i gŵr, a byw ar ei phen ei hunan heb deulu agos, roedd hi wedi ymddangos fel petai'n fodlon ac yn mwynhau'i bywyd. Nid oedd awgrym o salwch yn ei hanes nac iselder ysbryd na phroblem afiechyd o unrhyw fath. Roedd hi'n eithaf cefnog ac yn wraig hynod haelionus, yn enwedig tuag at y plant a'r bobl ifainc a arferai fynd ar negesau iddi a'i helpu o gylch y tŷ.

Cofiai'r hen blismon am un gŵr ifanc oedd yn ymddwyn yn od o garedig tuag ati. Deuai yno'n gyson dros y bont o Fôn i dwtian o gylch y tŷ, glanhau ffenestri, rhedeg i'r siopau, torri coed tân a mân orchwylion tebyg.

Ei enw oedd Arthur Philip Wynne.

Er nad oedd ond ifanc yr adeg honno, a heb fod erioed yn nwylo'r heddlu, eto i gyd ni allai'r hen blismon gymryd ato. Tybiai ei fod yn godro'r hen wraig o'r Felinheli; byddai'n galw yno'n unswydd pan fyddai angen arian arno ac yna'n gwario'r cyflog yn nhafarndai'r pentref.

Gan ddyfalu bod Wynne yn ei thwyllo, ac o bosibl yn lladrata am y byddai'n cael rhwydd hynt i grwydro trwy'r tŷ, mynnodd y cwnstabl siarad â hi am ei amheuon. Ond gwelodd ar unwaith fod ganddi feddwl uchel o'r llanc ac nad oedd wiw awgrymu unpeth drwg am Arthur bach.

Pan fu farw'r wraig teimlai'r heddwas yn bur anniddig a mynegodd ei ofnau wrth ei uwch-swyddogion yng Nghaernarfon. Siaradodd hefyd â rhai aelodau o'i theulu. Yn y cyfnod hwnnw roedd ymddygiad yr awdurdodau ynglŷn â marwolaethau annisgwyl yn llawer mwy difater nag ydyw heddiw. Pe digwyddai ambell achos fod yn un amheus, y perygl gyda difaterwch felly oedd i farwolaeth o'r fath beidio â chael y sylw dyladwy.

Daeth ei uwch-swyddogion yno i drafod y sefyllfa a gwnaed rhyw fath o ymchwiliad. Ond yr hyn a roes daw ar yr hen blismon oedd canlyniad y *post mortem* yn tystio i'r hen wraig farw'n naturiol o helynt y galon. Ni fynnai'r teulu ar gyfrif yn y byd i'r heddlu geisio cysylltu Wynne â'r digwyddiad. Cafodd hi ei chladdu'n ddistaw, ddi-stŵr, a buan yr anghofiodd pawb amdani.

Pawb ond yr hen blismon.

Parodd ei amheuon boendod iddo am flynyddoedd lawer a mynnai'n bendant mai rhyw weithred ysgeler a fu achos marwolaeth yr hen wraig, a bod a wnelo Wynne rywbeth â'r digwyddiad.

Un diwrnod gwelodd adroddiad yn y papur newydd fod Wynne wedi ymddangos o flaen yr ynadon ym Mangor ar gyhuddiad o lofruddio hen wraig mewn amgylchiadau anhygoel o debyg i'r digwyddiad yn y Felinheli. Wrth ddarllen yr adroddiad daeth sefyllfa gyffelyb yn fyw i'w feddwl, y cyfan yn ei dyb ef yn gwireddu'r amheuon a fu ganddo gydol y blynyddoedd. Tybiai ei bod yn ddyletswydd arno gyfleu'r wybodaeth i mi, pe na bai ond i ysgafnhau ei feddwl ei hunan.

Wedi imi gwblhau'r gwaith ynglŷn ag achos Miss Edith ac anfon fy ffeil i'r Cyfarwyddwr, euthum ati i geisio dod o hyd i unrhyw wybodaeth ynghylch marwolaeth yr hen wraig yn y Felinheli.

Roedd dwy ffactor yn fy erbyn: treigliad y blynyddoedd oedd un. A'r llall — nad oedd ond cofnod swta ar bapur o farwolaeth naturiol, fel cannoedd eraill o rai tebyg, heb fawr ddim ysgrifenedig yn ei gylch. Bu llawer tro ar fyd er y digwyddiad; bu newidiadau fyrdd yng nghyfansoddiad heddlu'r Gogledd, ac yn y broses cafodd bwndeli o hen ffeiliau diwerth (ond pwysig efallai) eu difa.

Methais â darganfod unpeth swyddogol yn ymwneud â'r digwyddiad ar wahân i gofnod yng nghofdflyfr y cofrestrydd. Er bod amheuon yr hen blismon ynghlwm wrth helynt oedd bellach wedi mynd i ebargofiant, ac yn rhywbeth y gallwn yn hawdd ei anwybyddu a'i anghofio, eto teimlwn rywsut mai esgeulustra ar fy rhan fuasai peidio â gwneud un dim oll. Penderfynais adael y mater hyd ddiwedd achos Miss Edith, a chael gair gyda Wynne cyn iddo adael Caernarfon am garchar Walton.

Wedi i bopeth dawelu ac i bawb adael y llys ar wahân i wardeniaid y carchar, euthum i lawr i'r celloedd i gael fy nghloi i mewn gyda'r carcharor. Dywedais wrtho ei bod yn arfer gennyf ar ddiwedd achos o'r fath ddod i ffarwelio a dymuno'n dda. Gwneuthum hynny gan ychwanegu pe bai angen rhywbeth arno yn ystod ei garchariad y buaswn, petai'n bosibl, yn anfon rhywbeth bach iddo. (Yn yr hen ddyddiau, digwyddai hyn o dro i dro gyda throseddwyr cyson heb neb i gysylltu â hwy. Bryd hynny, byddai cudd-swyddogion yn anfon cylchgronau a phres baco, yn ddistaw bach, i'w cwsmeriaid yn Walton gyda'r bwriad o lacio peth ar eu tafodau y tro nesaf yr amheuid hwy o drosedd.)

Roedd Wynne fel petai wedi cael gollyngdod o weld y cyfan drosodd. Roedd yn gyfeillgar, yn ddiolchgar am bob caredigrwydd a estynnwyd iddo tra bu yn nwylo'r heddlu, ac yn eithaf rhydd ei dafod. Efallai ei fod yn sylweddoli mai fi fyddai'r olaf iddo gael sgwrs mewn Cymraeg gydag o cyn gadael yr henwlad i ganol Saeson.

O dipyn i beth, anelais yr ymgom i gyfeiriad ei fachgendod a'i arddegau. Soniodd am ei gyfeillion cynnar, yn enwedig y bobl a fu'n garedig wrtho, ac yn rhoi arian iddo am redeg negesau a chyflawni mân orchwylion.

Pennais i ollwng yr ergyd yn ddirybudd gan obeithio y gallasai'r sioc fod yn fanteisiol. Meddwn wrtho: 'Beth am yr hen wraig yn y Felinheli y buoch chi'n helpu llawer arni hi? Onid oedd ei diwedd hithau yn bur debyg i ddiwedd Miss Edith?'

Mewn amrantiad, newidiodd ei wedd a'i bersonoliaeth. O fod yn siriol a gostyngedig, yn sydyn roedd wedi troi yn ddyn ffiaidd a gelyniaethus. Tybiais fod newid agwedd fel hyn yn dystiolaeth eglur fod a wnelo Wynne rywbeth â marwolaeth yr hen wraig. Ar unwaith, mabwysiadodd yr union ymddygiad y gorfu imi ddygymod ag o am dridiau yng ngorsaf yr heddlu ym Mangor ar ddechrau'r ymchwiliad. Edrychwn yn awr ar gnaf penderfynol oedd yn barod unwaith eto i wadu hyd yr eithaf nad oedd a wnelo fo ddim â'r digwyddiad amheus yn y Felinheli.

Synhwyrodd yn reddfol mai pysgota'r oeddwn unwaith yn rhagor ac nad oedd gennyf unrhyw dystiolaeth gadarn i'w gysylltu ef â'r achos. Nid ffŵl hurt mohono o bell ffordd, ond hen lag wedi treulio blynyddoedd yng ngharchar, academi'r drwgweithredwyr, ac yn hyddysg yn y grefft o wadu a gwrthsefyll cyhuddiadau'r heddlu. Roedd yn ddigon call i sylweddoli, petai gan yr heddlu dystiolaeth yn ei erbyn ugain mlynedd ynghynt, y buasai wedi'i gyhuddo'r adeg honno. Ond fel yr elai'r blynyddoedd heibio, mae'n debyg iddo deimlo'n weddol ddiogel am na allai'r heddlu gasglu digon o wybodaeth mwyach i ddwyn achos yn ei erbyn (a chymryd iddo'i llofruddio, wrth gwrs).

Er ei holi'n bur fanwl methais yn lân â thorri drwy'r mur amddiffynnol oedd rhyngom. Ar ôl derbyn ei bod bellach yn anobeithiol ei gael i gyfaddef anelais un ergyd arall i'w gyfeiriad, er tawelwch meddwl yn unig. Meddwn wrtho: 'Wel, dyna ni. Rydw i am eich gadael rŵan. Ond cyn imi fynd, petaech chi wedi cyfaddef lladd yr hen wraig yn y Felinheli, 'fuasai yna ddim pwrpas o gwbl mewn meddwl am ddod â chyhuddiad yn eich erbyn, am eich bod newydd gael eich dedfrydu i garchar am oes. A gwastraff ar amser ac arian fuasai ceisio ailagor y mater o farw amheus hen wraig yn y Felinheli. Felly, rhyngom ni ein dau, a neb arall — a 'daiff o ddim pellach na'r pedair wal yma, mi rof fy ngair ar hyn — 'ddaru chi fygu honno yn yr un modd ag y lladdwyd Miss Edith?'

Gan syllu'n wag i gornel y gell, meddyliodd yn ddwys dros fy nghwestiwn. Er bod y tawelwch yn llethol, a'r disgwyl hir am ei ateb yn f'anesmwytho innau fwy a mwy, a hynny o'r naill eiliad i'r llall, daliais fy nhir, cadw'n ddistaw a disgwyl am ysbaid a oedd yn ymddangos fel awr. Ymhen rhai munudau edrychodd arnaf yn bensyn, ac meddai: 'Os mai dyna'r ydach chi'n ei gredu, daliwch ati. Efallai'n wir eich bod chi'n iawn. Pwy a ŵyr?'

Wedi ysgwyd llaw a dymuno'n dda, edrychais arno am y tro olaf. A chyda'r ias ryfeddaf o dristwch yn fy nghalon rhyfeddwn sut y gallai creadur dynol fod mor greulon, a'r creulondeb hwnnw wedi difetha'i fywyd am byth — heb sôn am eraill.

Gwyliais ef yn gadael Caernarfon mewn bws-mini gyda dau garcharor arall a thri o wardeniaid carchar Walton yn gwmpeini iddynt.

Gwelodd yntau fi'n sefyll ar ochr y palmant a chwifiodd ei law fel pe bai'n ffarwelio â hen gyfaill.

Er arbed cais am iawndal enllib yn fy erbyn prysuraf i ddatgan nad wyf yn honni, nac yn awgrymu, nac yn annog unrhyw ddarllenydd i gredu fod yna ronyn o dystiolaeth sy'n cysylltu Wynne â marwolaeth yr hen wraig o'r Felinheli. Croniclais amheuon yr hen blismon yn ddilys a'm hadwaith i iddynt.

Gallaf, sut bynnag, yn ddidramgwydd ailadrodd yr hen ddywediad 'Rhydd i bawb ei farn'.

'Jekyll' Wynne, BA

Deallais yn ddiweddarach nad i Walton yr aethpwyd â Wynne, ond i ganolfan Risley, nid nepell o Fanceinion, ac yno y bu ei gartref dros dro. Cafodd yno ei asesu gan seiciatryddion a swyddogion cyfundrefn y carchardai i benderfynu ple i'w anfon. Dewiswyd carchar enwog am ei sustem ddiogelwch yn Wakefield, Swydd Efrog, lle cedwid carcharorion tymor hir a rhai o natur beryglus.

Fel y dywedwyd eisoes, nid oedd Wynne yn dwp o bell ffordd. Wedi cael amser i ystyried ei ddyfodol a thrafod gyda'i gyd-garcharorion, aeth ati i baratoi cynllun a fuasai, ar ben deuddeng mlynedd, yn gwarantu rhyddid iddo ar ei ymddangosiad cyntaf gerbron y Bwrdd Rhyddhau *(Parole Board)*. Ei uchelgais oedd perswadio'r Bwrdd fod y llofrudd, Arthur Philip Wynne, wedi llwyr ddiflannu o'i berson, a bod o'i fewn bellach enaid wedi'i lwyr weddnewid a'i fod yn berson addysgedig na fuasai gan unrhyw aelod o'r Bwrdd ronyn o betruster ynglŷn â'i ryddhau.

Y broblem oedd iddo adael yr ysgol yn bedair ar ddeg mlwydd oed gydag enw o fod yn 'hogyn drwg'. Yn yr adroddiad ysgol terfynol disgrifiwyd ef fel disgybl oedd yn freuddwydiwr ac yn lled ddiog, heb fod na disglair na thwp. Er ei golled addysgol ym more oes, yn y carchar fe'i cafodd ei hun ynghanol stôr o wybodaethau. Roedd sawl carcharor yno'n arbenigwr ar iawnderau unigolion, yn enwedig hawliau carcharorion. Gwyddent sut i gael grantiau o bob math ac am ffyrdd anonest i odro'r Weinyddiaeth Les, gydag ambell un yn gosod allan ei stondin fel cyfreithiwr lleyg, yn giamstar ar bob math o ddichell a dulliau o dwyllo'r awdurdodau.

Penderfynodd apelio am gymorth i astudio'r celfyddydau a diwylliant. Llwyddodd yn ei gais am gymorth ariannol o gronfa'r Gymdeithas Frenhinol er noddi'r Celfyddydau i ddilyn cwrs mewn llenyddiaeth Saesneg, masnach, cadw cyfrifon ac egwyddorion cyfrifyddiaeth o Goleg Pitman yn Llundain.

O fewn dim, datblygodd yn ei feddwl fath o newyn anniwall am wybodaeth, a bwriodd iddi, gorff ac enaid gan fynnu llwyddo. Y glwyd elfennol gyntaf iddo lamu drosti oedd un yr arholiad lefel-O. Gydag amser, roedd wedi ennill tystysgrifau mewn gramadeg Saesneg, Cymraeg, Astudiaeth Fasnachol, Egwyddorion Cyfrifyddiaeth, Busnes, ynghyd ag un dystysgrif mewn pwnc yn ymwneud â Marsiandïaeth. Yn dilyn y ffasiwn orchest, dechreuodd y wardeniaid a'i gyd-garcharorion ei alw yn 'Arthur B.A.'

Apeliodd wedyn am grant ychwanegol i ddilyn cwrs lefel-A mewn Economeg a'r Cyfansoddiad Prydeinig. Wedi caniatáu ei gais, cyn bo hir roedd wedi llwyddo yn ei arholiadau terfynol. Agorodd hyn y drws iddo wneud cais i'r Brifysgol Agored am gyfle i ddilyn cwrs B.A. mewn Cymdeithaseg. Ac yntau bellach yn efrydydd llawn-amser ac yn derbyn pob cymorth y gellid ei estyn iddo gan awdurdodau'r carchar, gwawriodd y dydd anhygoel pan fedrodd Arthur Philip Wynne ymfalchïo gyda gradd B.A. swyddogol ar ôl ei enw.

Bu'r deng mlynedd hynny o garchar yn gyfnod

eithriadol yn hanes y troseddwr: ymgolli mewn llyfrau, a chyflawni camp addysgol o gryn faintioli. Eto i gyd, er graddio fel y gwnaeth, gwyddai 'Jekyll' Wynne B.A. mai siawns bur eiddil oedd gan ei radd i agor llawer o ddrysau iddo. Pa borth bynnag yr âi ato, buasai'n rhaid iddo gyfaddef mai dwrn llofrudd a fyddai'n curo ar y drws hwnnw.

Gellid disgrifio'r cyfan fel menter ddyblyg: ar un llaw, bu'r astudio dyfal yn fodd i leddfu peth ar ddiflastod ei flynyddoedd mewn carchar. Ond ar y llaw arall, efallai mai prif amcan yr holl astudio oedd llwyddo i fodloni'r Bwrdd Rhyddhau ei fod bellach wedi'i weddnewid fel person; bod y llofrudd a fu ar un adeg yn arswyd i gymdeithas wedi diflannu o'i bersonoliaeth ac na fyddai mwyach unrhyw berygl i neb o'i ollwng yn rhydd.

I ŵr a oedd erbyn hyn yn arbenigwr yn y dechneg o wrthsefyll croesholi miniog o flaen yr heddlu neu fargyfreithiwr hirben, ni chafodd drafferth o gwbl yn argyhoeddi aelodau'r Panel Rhyddhau fod 'Mr Hyde' wedi llwyr ddiflannu. O hynny ymlaen, byddai (fel Dr Jekyll) yn ŵr addysgedig, yn barod i ailafael mewn bywyd y tu allan i furiau'r carchar heb beri gofid i undyn.

Gwnaeth argraff ffafriol y tu hwnt ar wybodusion y Panel. Cafodd ei longyfarch gan y cadeirydd am ei ymdrechion diflino i gefnu ar ei weithredoedd troseddol, a'i fod wedi rhoi'i fryd bellach ar wynebu bywyd fel person cwbl newydd oedd wedi newid drwyddo draw.

Yn anffodus, ni chofiodd neb yr adnod honno sy'n ein hatgoffa nad yw'r llewpard yn newid ei frychni.

Yn ddiarwybod i'r Panel Rhyddhau, roedd dau wendid sylfaenol ym mhersonoliaeth Arthur Philip Wynne, B.A.

Am fod y carchar wedi'i gadw'n ddiogel rhwng pedwar mur, nid oedd yn bosibl i'r awdurdodau ddod i wybod am y gwendidau hynny.

Yn gyntaf, roedd Wynne yn alcoholig. Ni allai fynd i dafarn am beint neu ddau, ac wedyn ymadael. Yn ddieithriad, arweiniai'r peint neu ddau i ragor a rhagor nes gorffen yn chwil ulw, ac yn aml yn ddiymadferth. Yn ddi-os, y ddiod oedd prif achos dymchweliad Wynne.

Amlygwyd yr ail wendid yn ei ymddygiad anweddus â chorff marw Miss Edith. Roedd yn meddu ar syniadau rhywiol hollol annaturiol, a chredir iddo'n gyson ymarfer dulliau croes i natur. (Parodd gwedd arall ar ei wendid rhywiol iddo gael carchar am bedair blynedd yn 1958. Bryd hynny, roedd wedi defnyddio cyllell mewn ymgais i dreisio gwraig ifanc. Roedd wedi cadw honno'n wystl dros nos mewn carafan. Yng nghwrs y noson, roedd wedi rhwymo'r eneth â'i hosanau, ceisio'i llindagu â hosan o gylch ei gwddf ar ôl bod yn ymarfer campau aflednais yn ei gŵydd. Trwy drugaredd fawr, llwyddodd yr eneth i ddianc o'i afael.)

Yn dilyn ei ollwng o'r carchar lle graddiodd yn academaidd, methodd yn deg â chael un man sefydlog i aros yno, na gwaith o unrhyw fath. Yn y cyfnod hwnnw fe'i gwelid yn trampio'n ddiamcan o le i le, gan amlaf yn ardaloedd Porthaethwy, Bangor a Llandudno. Aeth y tafarndai unwaith eto'n ormod o demtasiwn iddo, a llithrodd yn ôl i'w hen arferion. Un noswaith gorfu i'r plismyn ei gario'n sypyn meddw i orsaf yr heddlu a rhoi lloches iddo dros nos.

Roedd yn ymddangos fod 'Dr Jekyll' wedi diflannu o'i

gymeriad, ac unwaith yn rhagor, fel yn nofel Robert Louis Stevenson, fod 'Mr Hyde' wedi dod yn ôl.

Ni bu'r Swyddog Prawf yn hir cyn sylwi nad oedd Wynne yn driw i'w addewidion nac yn cadw at amodau ei ryddid. Ceisiwyd sawl tro ei dywys yn ôl i'r llwybr cul ond methiant trist fu'r holl ymdrechion. Gyda'r sefyllfa bellach yn anobeithiol, penderfynodd y swyddog anfon adroddiadau at awdurdodau'r carchar yn awgrymu bod ei drwydded rhyddhad yn cael ei diddymu, a'u bod yn anfon allan warant i'w arestio, a'i ddwyn yn ôl i garchar.

Ar yr union ddiwrnod yr oedd y Panel Rhyddhau yng ngharchar Wakefield wrthi'n ailystyried tynged Arthur Philip Wynne, B.A. (a oedd ddau can milltir i ffwrdd yn Llandudno) digwyddodd rhywbeth a fu'n fodd i ddatrys eu problem.

'*A newidia'r llewpard ei frychni?*'

Geneth sengl, barchus, dair ar hugain mlwydd oed oedd Eirlys Roberts, yn byw gyda'i rhieni yng nghartre'r teulu yn Hen Golwyn, Clwyd. Geneth ddistaw, swil a deniadol yr olwg. Oherwydd ei swildod a hefyd fod ganddi nam ar ei golwg ac yn gwisgo sbectol, hoffai fod ar ei phen ei hun. Roedd yn aelod gwerthfawr o staff gwesty'r deillion yn Llandudno a rhoddai'r perchenogion ganmoliaeth uchel iddi am ei diwydrwydd fel morwyn. Er mwyn ateb gofynion ei swydd, neilltuwyd ystafell gysgu iddi yn y gwesty ond elai adref i'r Hen Golwyn yn gyson i ymweld â'i theulu.

Arferai ddechrau'r dydd yn gynnar i ddarparu brecwast i'r gwesteion; yna tacluso'u gwelyau a'u hystafelloedd, glanhau yn gyffredinol, a gorffen ei shifft foreol oddeutu hanner dydd. Byddai'n cael y pnawn iddi'i hunan cyn ailafael yn ei stem hwyrol o ddwyawr neu dair ar ôl amser te.

Ei hoff bleser ar bnawn teg yn yr haf fyddai ymweld â'r Happy Valley, cyrchfan boblogaidd i ymwelwyr mewn cilfach gysgodol werddlas yng ngodre'r Gogarth, y mynydd isel sydd ar gyrion gogleddol tref Llandudno. Yno câi fwynhau hwyl ac asbri theatr awyr agored Alex Munro a'i griw o ddiddanwyr yn difyrru'r ymwelwyr wrth eu hannog i'r llwyfan i gymryd rhan mewn cystadlaethau amrywiol. Gallai eistedd ac aros yno ar ei phen ei hun heb i undyn darfu ar ei heddwch.

Tynnwyd ei sylw un pnawn at ŵr ifanc, yntau ar ei ben ei hunan, ac yn ymddangos yn eithaf digalon. Eisteddai ar gwr y dyrfa yn edrych yn unig ac ar goll. Gwyddai Eirlys yn burion ystyr unigrwydd yn ogystal â'r awydd am gwmpeini, ac nid annaturiol oedd iddi arddangos diddordeb yn y dyn ifanc a'i groesawu pan symudodd i eistedd wrth ei hochr. Fe ddichon ei fod yntau wedi sylwi ar yr eneth ddigwmni wrth odre'r Gogarth.

Y gŵr unig hwnnw oedd Arthur Philip Wynne, B.A.

Dechreuodd y ddau ganlyn ei gilydd wedi iddo gael gwaith fel golchwr llestri mewn gwesty a llwyddo i gael lle i aros mewn anheddle. Gwelwyd y ddau yng nghwmni'i gilydd sawl min nos, ac o dipyn i beth dechreuodd ef ei denu i dafarndai'r dref, a manteisio, bid siŵr, ar haelioni'r eneth i brynu diod iddo. Ar ôl bod yn diota yn y dref arferai'r ddau ddringo cyrion anghysbell y Gogarth i garu allan o olwg pawb.

Wrth edrych yn ôl ar y cyfan hawdd yw sylweddoli fod sefyllfa ffrwydrol yn araf ddatblygu. I alcoholig, gyda thueddiadau rhywiol annaturiol, roedd digonedd o gwrw o fewn ei gyrraedd ar draul yr eneth, a gwrthrych o dan ei bawen iddo ymarfer ei chwantau gwarthus arni, a'r cyfan yn hollol ddiarwybod i'r eneth ddiniwed.

Gwelwyd Eirlys yn fyw am y tro olaf ger safle bws yn Stryd Mostyn, Llandudno, am hanner awr wedi pedwar bnawn Sadwrn yr 8fed o Fedi 1979. Bu ar goll am wythnos gyfan a mawr fu'r chwilio amdani. Ar y 15fed o Fedi aeth ymwelydd o'r Almaen i ddringo mynydd y Gogarth. Ar ei ffordd i lawr, wrth geisio cwtogi'r siwrne, gadawodd y llwybr troed arferol a brwydro'i ffordd drwy fân goediach, llwyni drain a rhedyn, heb fod ymhell o'r

Happy Valley. Yng nghanol y drain a'r mieri sylwodd ar sypyn o rywbeth wedi'i guddio o dan gydau plastig a changhennau deiliog. Trechwyd ef gan chwilfrydedd a throdd oddi ar ei lwybr i ymchwilio. Wedi codi'r plastig a'r brigau gwelodd weddillion Eirlys Roberts. O fod yn gorwedd yno'n farw, a hynny am rai dyddiau o dan haul crasboeth, roedd y corff wedi dechrau glasu a dadelfennu.

Lansiwyd ymchwiliad enfawr i'r llofruddiaeth o'r pencadlys yn Hen Golwyn unwaith yn rhagor o dan arweiniad y Ditectif Brif Uwch-Arolygydd Eric Evans, pennaeth newydd y C.I.D. dros Ogledd Cymru a benodwyd yn ddiweddarach yn Ddirprwy Brif Gwnstabl.

Cynhaliwyd archwiliad *post mortem* i geisio darganfod achos marwolaeth Eirlys Roberts. Yn ei adroddiad i'r heddlu a'r Crwner eglurodd y patholegydd iddo ddarganfod niwed erchyll i'w phenglog, yn awgrymu iddi gael ei thrawo ag erfyn pŵl a thrwm, carreg, o bosibl. Wedi'i bwrw'n anymwybodol gan yr erfyn cafodd ei llindagu a'i mygu. Roedd olion dau fawd y llofrudd yn ddwfn oddeutu ei phibell wynt. Honnai'r patholegydd i'r ymosodwr ymarfer pwys aruthrol o gylch ei gwddf, a hynny yn barhaus am gryn bum munud, nes i ddau bant sefydlog ymffurfio ar du allan y gwddf o bobtu i'w hafal-Adda. Yn absenoldeb unrhyw arwydd o ysgarmes, tybiai'r meddyg iddi farw'n gyflym heb gael cyfle o gwbl i weiddi am help nac i sgrechian.

Gwelwyd yn yr achos hwn eto arwyddion o weithredoedd rhywiol o ryw fath, ond yn fyr o drais. (Fel y twtiwyd gwely a dillad Miss Edith ym Mangor, y tro hwn roedd yn amlwg fod y llofrudd unwaith yn rhagor wedi dinoethi'r corff marw ac wedi ceisio rhoi ei dillad isaf yn ôl amdani, ond yn hollol aflêr). O archwilio'r ddaear yn fanwl o gylch y corff gwelwyd ei fod wedi ei llusgo gerfydd ei thraed a'i migyrnau o'r llecyn agored lle digwyddodd y llofruddio am oddeutu trigain llath i'r llecyn diarffordd. Wedi hynny, ceisiwyd cuddio'r corff o dan frigau ac ysbwriel.

Datgelodd ymholiadau'r heddlu iddi gael ei gweld yng nghwmpeini Wynne sawl tro a hynny yn ystod y dyddiau olaf y'i gwelwyd yn fyw o gylch heolydd Llandudno. O'r dyddiau pan oedd yn gwasanaethu fel cudd-ringyll ym Mangor, roedd pennaeth yr ymchwiliad yn adnabod Wynne ac yn gwybod ei hanes. Yn naturiol felly, dewisodd ganolbwyntio'r ymholiadau i'w gyfeiriad. Arestiwyd Wynne ddydd Llun, 17eg o Fedi 1979 ac yn ôl ei arfer, daliodd i wadu am ddyddiau.

Unwaith yn rhagor, dygwyd ei ddillad oddi arno i'w hanfon i'r labordy, ynghyd â dillad yr eneth, ond gofalu eu bod ar wahân. Maes o law, derbyniwyd adroddiad ffafriol y gwyddonwyr yn datgan iddynt ddarganfod nifer helaeth o achosion o gyfnewid ffeibrau o'r naill ddillad i'r llall, hyn eto'n dystiolaeth ddi-ddadl fod dillad Wynne wedi cysylltu â dillad allanol ac â dillad isaf yr eneth. Ond oherwydd iddynt fod yn gariadon nid oedd ystyr y darganfyddiadau lawn mor dynghedus â'r hyn a fu ym Mangor.

Gwnaed olion mewn plastr *(plaster cast)* o ddau fawd Wynne, hefyd o'r ddau bant ar wddf yr eneth. Mesurwyd yr olion gan ddefnyddio dulliau a chamerâu meicrosgopic i brofi'n ddi-ddadl mai olion dau fawd Arthur Philip Wynne a gafwyd ar wddf yr eneth. Y casgliad oedd mai ef a'i lladdodd.

Yn union fel y bu iddo hanner cyfaddef y drosedd ym Mangor, ar ôl clywed canlyniadau'r arbrofion ar wddf yr eneth, dewisodd yr un dacteg unwaith yn rhagor. Am ryw reswm annelwig, ni fynnai ddweud y cyfan, ond o ystyried y peth, nid hawdd oedd iddo drafod ei wendidau rhywiol ag aelod o'r heddlu, a mwy anodd fyth fuasai goddef gweld plismon yn cofnodi'r gwendidau ar bapur. Roedd yn fater personol a sensitif, a loes fuasai gwrando ar swyddog yn darllen datganiad yn dadlennu'r gwendid yn ei natur o flaen llys yn llawn pobl.

Wedi peth holi cyfaddefodd iddo adnabod yr eneth gan honni iddo wario hylltod o arian arni i brynu bwyd a diod iddi yn nhafarnau'r dref. Dywedodd iddynt ar ddydd Sadwrn yr 8fed o Fedi dreulio'r min nos yn diota yn y dref. Yna, penderfynwyd mynd i'r Happy Valley i garu, a dewis llecyn gweddol agored ar bwys Gorseddfeini'r Eisteddfod i eistedd arno. Cododd anghydfod rhyngddynt ac aethant i ffraeo. Gallai gofio rhoi clewtan iddi ond oherwydd ei gyflwr meddw ni fedrai gofio rhagor o ddigwyddiadau'r noswaith honno. Roedd y cyfan wedi mynd yn angof.

Cyhuddwyd ef maes o law o lofruddio Eirlys Roberts ac anfonwyd ef i Ganolfan Risley i aros ei brawf yn Llys y Goron yng Nghaer.

Unwaith yn rhagor gorfu i Mr Eric Evans ddisgwyl canlyniadau gwaith yr arbenigwyr, ac yna grynhoi'r cyfan mewn adroddiad i Gyfarwyddwr Erlyniadau Cyhoeddus yn Llundain.

Ar y 18fed o Fawrth 1980 ymddangosodd Arthur Philip Wynne gerbron Llys y Goron yng Nghaer i ateb y cyhuddiad o lofruddio Eirlys Roberts. Plediodd yn ddieuog o lofruddio, ond yn euog o ddynladdiad *(manslaughter)*. Ymddangosodd Mr John Roche, QC, ar ran y Cyfarwyddwr a Mr Brian Walsh, QC, ar ran y cyhuddedig.

Wedi clywed Wynne yn pledio yn euog i ddynladdiad, cododd Mr Roche i annerch y Barnwr, ac meddai:

'F'Arglwydd, cefais ar ddeall ymlaen llaw fod y cyhuddedig yn bwriadu pledio'n euog i ddynladdiad ac yn ddieuog i lofruddiaeth. Cefais gyfle felly i gysidro'r amgylchiadau yn fanwl a thrafod y mater gyda chynrychiolydd Cyfarwyddwr Erlyniadau Cyhoeddus. Rydym oll o'r farn mai'r cwrs mwyaf cymwys a doeth i'w ddilyn fuasai derbyn y ble o euog i ddynladdiad am bedwar rheswm, sef:

1. Nid yw Wynne wedi cyfaddef lladd yn fwriadol, neu achosi niwed difrifol i'r ferch yn fwriadol.
2. Buasai'n amhosibl profi bwriad i ladd.
3. Mae'r ffaith ei fod wedi lladd o'r blaen yn arwyddo "Lleihad Cyfrifoldeb".'

(Crewyd deddf newydd yn y pumdegau a roddai'r hawl i Farnwyr dderbyn tystiolaeth feddygol ynglŷn â chyflwr meddyliol person a gyhuddid. O'i fodloni fod y carcharor, oherwydd nam meddyliol, yn llawn sylweddoli canlyniadau ei weithredoedd, gallasai ganiatáu cais gan yr amddiffyniad neu gyd-fynd ag awgrym o ochr yr erlyniad i ddiddymu'r cyhuddiad tra difrifol o lofruddiaeth, a chyfnewid y cyhuddiad, o safbwynt cyfreithiol, i fod yn achos o ddynladdiad.)

Aeth Mr Roche ymlaen i egluro'r pedwerydd rheswm: 'Gan mai carchar am oes oedd cosb eithaf y ddwy drosedd, ac yn yr achos hwn, o bosibl nad oedd gan y

Barnwr ddewis arall pan yn pennu'r gosb, dim ond yn llythrennol ei anfon i garchar am y gweddill o'i ddyddiau, yna gwastraff amser fuasai ceisio dadlau yn erbyn newid statws cyfreithiol y cyhuddiad.'

Wedi ystyried y mater yn fanwl am rai eiliadau, cytunodd y Barnwr gan ddatgan fod Wynne o ganlyniad yn ddieuog o lofruddiaeth ond yn euog o ddynladdiad.

Rhoddodd Mr Roche amlinelliad byr o ffeithiau'r achos a chyn eistedd dywedodd: 'Dyna'r cyfan yr wy'n bwriadu ei ddweud, f'Arglwydd. Mae'r holl ffeithiau yn nwylo'r amddiffyniad, ac yn eich meddiant chwithau hefyd. Os na fynnwch ragor o wybodaeth — dyna achos yr erlyniad.'

Cododd Mr Brian Walsh, QC, i annerch y Barnwr ar ran yr amddiffyniad, ac meddai:

'F'Arglwydd, tasg ddigalon ac anodd yw dewis un gair derbyniol fel ymgais i liniaru cosb y gŵr a saif gerbron llys barn am yr eildro yn ei fywyd yn euog o ladd creadur dynol; y tro hwn, yn lladd ddeufis union wedi cael ei ryddhau o garchar ar ôl cyflawni'r llofruddiaeth gyntaf.

'Mae'n bur amlwg, f'Arglwydd, ei fod yn ymddangos mewn llys am y tro olaf yn ei fywyd. Fe ŵyr, f'Arglwydd, fel y gwyddoch chwithau, ac fel y gŵyr y cyhoedd, na wêl y gŵr hwn olau dydd o du allan i furiau carchar fyth mwy.

'Mae Arthur Philip Wynne yn alcoholig. Y tu mewn i furiau carchar, allan o gyrraedd y ddiod feddwol, roedd Wynne yn batrwm o garcharor. Yn wir, bu'n astudio'n ddiwyd am flynyddoedd i ennill gradd B.A.

'Y ddiod, f'Arglwydd, a fu'n gyfrifol am droi y Dr Jekyll yma, pan oedd yn sobr, i gyflawni gweithredoedd y Mr Hyde aflan yn stori Stevenson. Wedi'i ryddhau o'r carchar yn dilyn y llofruddiaeth gyntaf trodd unwaith yn rhagor at y ddiod. Ac ar unwaith, daeth ochr aflan ei bersonol-iaeth ddeuol i'r amlwg a chyflawnodd gyfres deirplyg o droseddau echrydus.

'Trychineb Arthur Wynne yw ei fod yn ddau berson. Un yw'r Arthur Wynne sobr, yn ŵr addfwyn, diwyd, ac yn batrwm o garcharor. Y llall yw'r Arthur Wynne mewn diod, gŵr brwnt a ffiaidd: y llofrudd. Dau berson hollol wahanol i'w gilydd.

'Mae'r cyhuddedig yn esiampl frawychus o'r hyn a all ddigwydd i bobl o'r fath o dan ddylanwad diod, gŵr sy'n abl i ddefnyddio'r ffyrnigrwydd mwyaf erchyll.

'F'Arglwydd, rwy'n ei chael yn anodd ymhelaethu . . '
Ac eisteddodd i lawr.

'Gallaf yn hawdd ddeall hynny,' oedd sylw dreng y Barnwr.

Gofynnodd Clerc y Llys i Wynne a oedd ganddo rywbeth i'w ddweud cyn i'r Barnwr ei ddedfrydu, ac atebodd yntau:

'Nac oes.'

Syllodd y Barnwr arno'n flin a dirmygus cyn cyhoeddi:
'Y ddedfryd yw carchar am weddill eich oes.'

A dweud hynny mor swta gyflym ag y gallai, fel petai'n ysu am weld Wynne yn diflannu o'i olwg tua'i gell.

Roedd yn amlwg i bawb yn y llys bod ei fargyfreithiwr wedi taro'r hoelen ar ei phen wrth ddweud 'na wêl y gŵr hwn olau dydd o du allan i furiau carchar fyth mwy'.

Ddeuddydd wedi'i ryddhau o'r carchar a gafodd am lofruddio Miss Edith ym Mangor, gwelwyd Wynne yn feddw mewn tafarn ym Mhorthaethwy. Y noson honno y clywodd y tafarnwr rai o'i gwsmeriaid yn holi mewn sobrwydd:

'I beth ar y ddaear fawr y maen nhw wedi'i ollwng o'n rhydd? Mae o'n siŵr o wneud yr un peth eto.'

Sbel ar ôl hynny, wele Farnwr yn cyhoeddi'r ail ddedfryd yn Llys y Goron, Caer. Mae'n fwy na thebyg y clywyd cwsmeriaid yr un un dafarn ym Mhorthaethwy yn taer ddyheu unwaith yn rhagor:

'Gobeithio na wnân nhw mo'r un un camgymeriad byth eto.'

I ddyhead felly y dywedaf innau 'Amen'.

Rhai o Ddogfennau Achos Bangor

Ffurf yr holiaduron i'w llenwi gan swyddogion yn holi o ddrws i ddrws. I'w hateb gan bob gwryw tros bedair ar ddeg oed.

HEDDLU GWYNEDD

Enw'r person:
Ei gyfeiriad:
Ei oedran:
Ei symudiadau rhwng 5.15p.m. dydd Gwener 7.4.67 a 3.15p.m. dydd Sul 9.4.67.
Yn y cyfnod yna, a fu yn rhywle yn agos i Elm Bank?
A yw yn gwybod ble mae Elm Bank?
A fu yno erioed?
A ydoedd yn adnabod Miss Edith Williams?
A welodd neu a glywodd unpeth ynglŷn â'r achos a allasai fod o gymorth?
A all gynorthwyo mewn unrhyw fodd?
Nodiadau'r swyddog ynglŷn â'r person a holwyd:
Amser a dyddiad y cyfweliad:
Enw'r swyddog:

Copi o lythyr Wynne i Miss Edith Williams:

Prisoner's Official No. 32476/66
Prisoner's Name: A.P. Wynne
H.M. Prison,
Walton, Liverpool.

Dear Miss Williams,

You will remember me — Arthur, who used to come round to help you to tidy the garden, chop firewood and do some odd jobs for you.

I am ashamed to write to you from this address where I have been for some weeks. The Bangor Court sent me here after I foolishly went to Dr Christy's home when he was away on holiday. He had been very kind to me. He and Mrs Christy gave me food and money for helping them as I used to help you. I was desperate and had been drinking. I had nowhere to sleep and I was almost starving.

I went there to look for work to earn money to buy food but found they were away on holiday.

Like a fool I went back there and broke in looking for food and money. I am ashamed having done this especially when I think how kind the two had been to me.

At the end of my sentence I will have to come back to North Wales as I have nowhere else to go to. I don't suppose there will be a welcome for me at Dr Christie's after me breaking into their home.

I very much hope I have not offended you for doing this and that you will let me come again to help you in the garden and around the house.

I hope the two of you are in good health.

Sincerely,

Arthur Philip Wynne

GWYNEDD CONSTABULARY
Statement After Caution

Name: Arthur Philip Wynne
Address: (x) Caroline Road, Llandudno
Occupation: Hotel Worker
Date: 13th April 1967
Officer: Detective Sergeant Glyn Roberts

I, Arthur Philip Wynne wish to make a statement and I would like Detective Sergeant Glyn Roberts to take it down.

I have been warned I am not obliged to say anything unless I wish to do so and that whatever I say will be taken down in writing and may be given in evidence.

(Signed) A. P. Wynne

I went in through the back kitchen window and into the room and an old woman got out of her bed in the corner of the kitchen.

She started screaming all over the place and I pushed her back onto the bed.

I was afraid as I did not expect to meet anyone on the ground floor rooms.

I woke up at seven in the morning and I was still in the house.

I went into the back room to see if the old woman was all right. She was still alive when I left the house.

I did not try to rape her nor do anything like that with her but I definitely did behave indecently with myself in the room.

I had drank an awful lot of beer and I can't remember everything that happened.

It was daylight when I went to her bedroom at 7 o'clock and I saw then that it was Miss Williams. She was sleeping and snoring softly as women do.

I left the house to catch a bus, five or ten to eight for Llandudno from by the clock. There was a policeman on duty in front of the bank by the clock. I walked into town through the Roman Camp and bought a newspaper in the shop across the road to Joa Valla's chip shop.

That is all I wish to say.

A. P. Wynne

I, Arthur Philip Wynne, have made the foregoing statement of my own free will. I have been asked if I wish to delete anything from it, alter it or add to it.

The statement is correct.

A. P. Wynne